Walter Mair

Höhenwege & Gipfelziele
BERGWANDERN
in Osttirol und Oberkärnten

Berg- und Wandertouren in den Lienzer Dolomiten, am Karnischen Kamm, in den Gailtaler Alpen, der Kreuzeck-, Goldberg-, Glockner-, Granatspitz-, Venediger-, Schober- und Rieserfernergruppe, in den Deferegger und Villgrater Bergen sowie am Lasörling- und Panargenkamm

Tyrolia-Verlag · Innsbruck-Wien

Vorwort

Noch einmal bin ich all diese Wege in den heimatlichen Osttiroler Bergen gegangen, bis hin zum angrenzenden Oberkärntner Raum. Die vielen Motive, die ich dabei eingefangen habe, sollen für die in diesem Buch vorgestellten Ziele sprechen und einen gut überschaubaren Einblick auf die jeweils ausgewählten Touren ermöglichen.
So vereinen sich in diesem sorgfältig erarbeiteten Werk vierzehn unterschiedliche Berggruppen mit wunderschönen Berglandschaften in Osttirol und Oberkärnten. Von besonderer Bedeutung sind dabei die Höhenwege, wahrhaftige Königsetappen mit teils hundert Jahre alten Steigen und Pfaden, die durch die Gipfelmitte der großen Gebirgsstöcke verlaufen.
In den vierzehn, in diesem Buch vorgestellten Berggruppen in Osttirol und Oberkärnten, zum großen Teil im Nationalpark Hohe Tauern gelegen, finden sich unschwierige Wanderungen, anspruchsvolle Berg- und Hochtouren sowie einfache Klettersteige und Genussklettereien für Anfänger und fortgeschrittene Wander- und Bergfreunde. Eine Übersicht über die Lage der einzelnen Berggruppen finden Sie auf der topografischen Übersichtskarte (Seite 8/9, Maßstab 1 : 500.000). Sie wird durch Kartenausschnitte im Maßstab 1 : 200.000 zu den einzelnen Gebieten ergänzt.
Eine gute Einstimmung in die Region versprechen die Lienzer Dolomiten, weswegen ihnen das erste Kapitel gewidmet ist. Sie beeindrucken mit ihrer Formenvielfalt und einem nahezu mystischen Glanz, wenn die Gipfel im Abendlicht wie im Feuer brennen. Viele dieser Gipfel sind mit reizvollen Klettersteigen erschlossen. Der hier vorgestellte Dreitörlweg führt durch den stillsten Teil der Lienzer Dolomiten.
Den Süden Osttirols und Kärntens begrenzt der im Ersten Weltkrieg heftig umkämpfte Karnische Kamm, auf dem heute der herrlichen Frieden verheißende Karnische Höhenweg verläuft. Diesen fossilreichen grauen Mauern und Graten der prachtvollen Felsburgen gegenüber leuchten 60 Kilometer fern im Norden die Firnenlichter der Hohen Tauern. Dort, im Schutz des Nationalparks Hohe Tauern, halten berühmte Gebirgsgruppen enge Nachbarschaft, verbunden durch Eis und ineinandergreifende Grate. Für wie viele Menschen sind es die Höhepunkte eines Bergjahres, auf den Gletscherdächern und Gipfeln der Venediger- und Glocknergruppe zu stehen! Bis zum Horizont die weite Sicht und nichts als hochalpine Landschaften, die wir dort auf einladenden Höhenwegen kennenlernen. Diese „Wege“ sind oft steil und schmal, mal den Gipfeln nah, dann wieder windabgekehrt ins Grün der Täler schauend.
Lohnende Gipfelziele und einladende Schutzhütten warten auch in den sanfter gewellten, mit viel Wasser durchzogenen Defregger Alpen, den Villgrater Bergen oder, etwas ernster, am Panargenkamm und in der Rieserfernergruppe.
Ein Erlebnis besonderer Art wird uns am mehrtägigen Kreuzeck-Höhenweg zuteil oder auf den Spuren der Erz- und Goldgräber auf den das Obere Mölltal überbauenden Höhen.
Möge dieses Buch mithelfen, Naturlandschaften bis hin zur Gipfelflur als unwiederbringliches kleines Paradies zu verstehen.

Lienz, im Frühling 2010 Walter Mair

Über das Virgental bis in den Matreier Raum leuchtet das Gletscherdach am Malham.

Inhalt

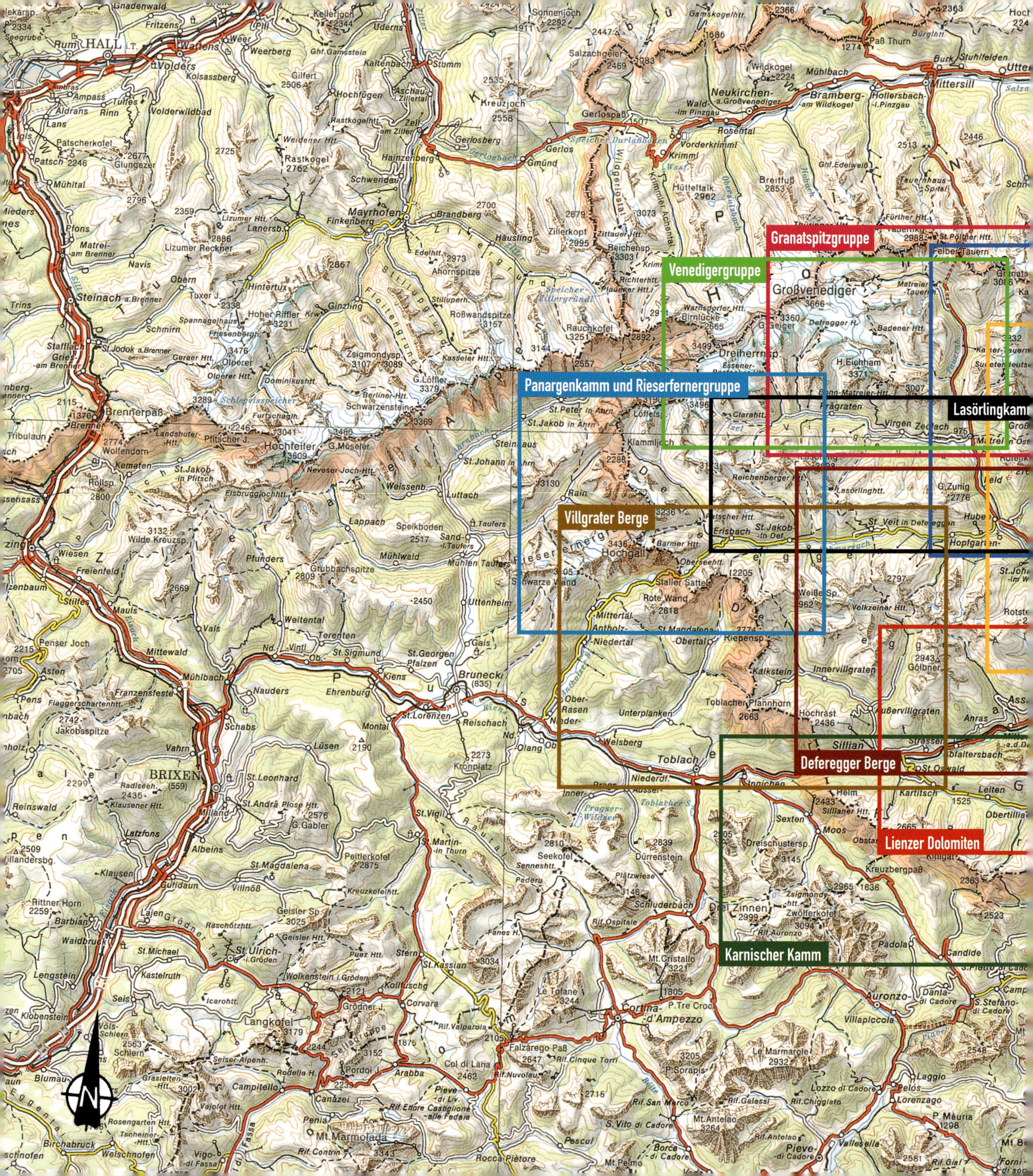
Granatspitzgruppe
Venedigergruppe
Panargenkamm und Rieserfernergruppe
Lasörlingkamm
Villgrater Berge
Deferegger Berge
Lienzer Dolomiten
Karnischer Kamm
HALL i.T.
Mayrhofen
Steinach a.Brenner
Brennerpaß
Großvenediger
Mittersill
Hochgall
Bruneck
BRIXEN
Toblach
Sillian
Cortina d'Ampezzo
St.Ulrich i.Gröden
Mt.Marmolada
Drei Zinnen
Auronzo

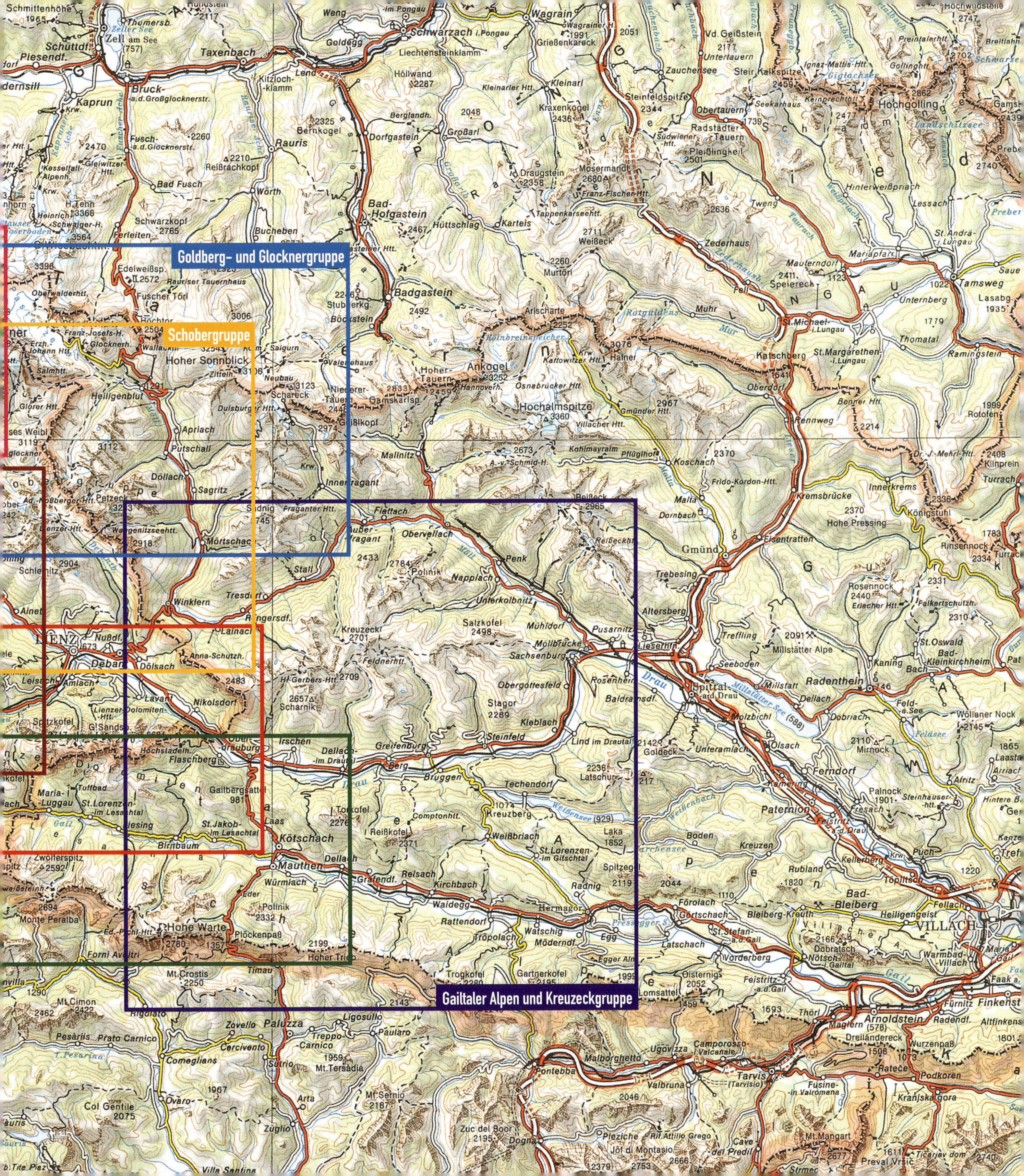

Goldberg- und Glocknergruppe
Schobergruppe
Gailtaler Alpen und Kreuzeckgruppe
Zell am See
Taxenbach
Schwarzach i. Pongau
Wagrain
Kaprun
Rauris
Bad-Hofgastein
Badgastein
Hochgolling
Tamsweg
St. Michael i. Lungau
Hoher Sonnblick
Ankogel
Hochalmspitze
Heiligenblut
Mallnitz
Obervellach
Gmünd
Lienz
Spittal a.d. Drau
Millstätter See
Radenthein
Greifenburg
Hermagor
Kötschach
Mauthen
Weißensee
Bad-Bleiberg
Villach
Arnoldstein
Tarvis
Pontebba
Hohe Warte
Paluzza

Ein Wort zur Tourenplanung und Ausrüstung

Natur und Berge sind ein Weg ins Freie. Dort werden uns erlebnisreiche Tage, oft die schönste und kostbarste Zeit des Jahres geschenkt. In der außergewöhnlichen Schönheit und Vielfalt der Bergnatur und all ihren schutzwürdigen Zonen schöpfen wir Kraft für Geist und Körper.

Die Bergwelt birgt aber auch Gefahren, denen wir, der jeweiligen Tour angepasst, mit geeigneter Ausrüstung und Vorbereitung begegnen können. Das Mitnehmen von ausreichend Getränk und kraftspendenden Zwischenmahlzeiten ist notwendig. Brille und Sonnenschutz sollten den Augen und der Haut zuliebe auch stets einen festen Platz im Rucksack haben. Stöcke entlasten die Gelenke und helfen beim Überqueren von Bächen (Abb. II). Ein Wettersturz, oft innerhalb weniger Stunden, kann eine gefährliche Situation heraufbeschwören, ist aber heute dank der modernen Meteorologie und Kommunikationstechnologie meist vorhersehbar. Schenken Sie daher dem aktuellen Wetterbericht bei der Tourenplanung größte Beachtung.

Regenschutz, Fäustlinge, Haube, ein Biwaksack und Reservewäsche sollten bei größeren Touren immer mitgenommen werden, sie können im Notfall lebensrettend sein. Unentbehrlich sind auch ein Erste-Hilfe-Paket sowie ein Mobiltelefon, mit dem Sie im Notfall für sich und andere um Hilfe rufen können.

Die alpine Notrufnummer ist österreichweit 140. Für den Fall, dass Ihr Mobiltelefon keinen Empfang hat, gibt es den Euro-Notruf 112. Geben Sie diese Notrufnummer unmittelbar nach dem Einschalten Ihres Mobiltelefons statt dem PIN-Code ein. Das Handy sucht sich damit das stärkste Betreibernetz und setzt den Notruf ab.

Einen nicht zu unterschätzenden Gefahrenmoment birgt das Queren von steilen, am Morgen hartgefrorenen Schneehängen. Steigeisen sind hier oftmals unentbehrlich und sollten ohne zu zögern genutzt werden. Bei der Begehung von Klettersteigen gelten generell zwei einfache Regeln: Kein Klettersteig ohne Hüftgurt, Klettersteigset und Helm (Abb. I)! Niemals ein Einstieg bei Gewittergefahr!

Auch Kinder finden viel Freude in den Bergen, wenn man sie nicht mit weiten Strecken überfordert. Wählen Sie ein Ziel, das Ihrem und dem Können Ihrer Tourenpartner angepasst ist und die aktuellen Wetter- und Tourenverhältnisse (Altschnee!) berücksichtigt.

Einer der schönsten Plätze am Wiener Höhenweg erwartet uns am Oberen Glatzsee, im Angesicht des Großglockners und nahe der Glorer Hütte. Links (Abb. III) die Glorer Hütte mit Salmhütte und Schwerteck.

Lienzer Dolomiten

Die ihrer äußeren Erscheinung wegen als Dolomiten bezeichnete Bergkette südlich des großen Lienzer Talbodens ist vom geologischen Aufbau den Gailtaler Alpen zuzuordnen. J. Anton Rohracher, eine herausragende Persönlichkeit des Alpinismus, führte 1885 den Namen Lienzer Dolomiten ein. Das Laserz gilt mit unnachahmlicher Formenvielfalt als das Herz der Gruppe in der Gipfelmitte. Typisch und beliebt in diesem Bereich sind Gipfelanstiege mit leichten Klettereien im I. und II. Schwierigkeitsgrad oder leichte Klettersteige.

Westlich beherrschen der Kreuzkofel und mehr noch der Spitzkofel, der als Wahrzeichen der Stadt Lienz gilt, die Felsszenerie.
Den Ostflügel der Lienzer Dolomiten prägen die Keilspitze und zahllose weitere Gipfel bis zum Hochstadel. Dort türmen sich schroff die sogenannten Unholden auf, die lange Zeit als unzugänglich galten, bis der 1912 eröffnete Dreitörlweg ihnen diesen Nimbus nahm. Der erste Tourenvorschlag in diesem Buch sucht die Stille und Schönheit in diesem Gebietsteil.

Hütteninformationen

Connyalm, 2050 m
Geöffnet vom 20. Juni bis Ende September,
Winterbetrieb bei Bedarf
12 Schlafplätze
Tel. Tal 04847/5134, Tel. Hütte 04847/5134
Erreichbar auch mit Doppelsessellift Golzentipp
www.connyalm.at

Lienzer Dolomitenhütte, 1620 m
Geöffnet von Mai bis Oktober und
vom 8. Dezember bis Ostermontag
Übernachtung auf Anfrage
Neubau und großzügige Erweiterung 2009
Klettergarten mit Routen aller Schwierigkeitsgrade
in Hüttennähe
Tel. 0664/2253 782
E-Mail: www.dolomitenhuette.at

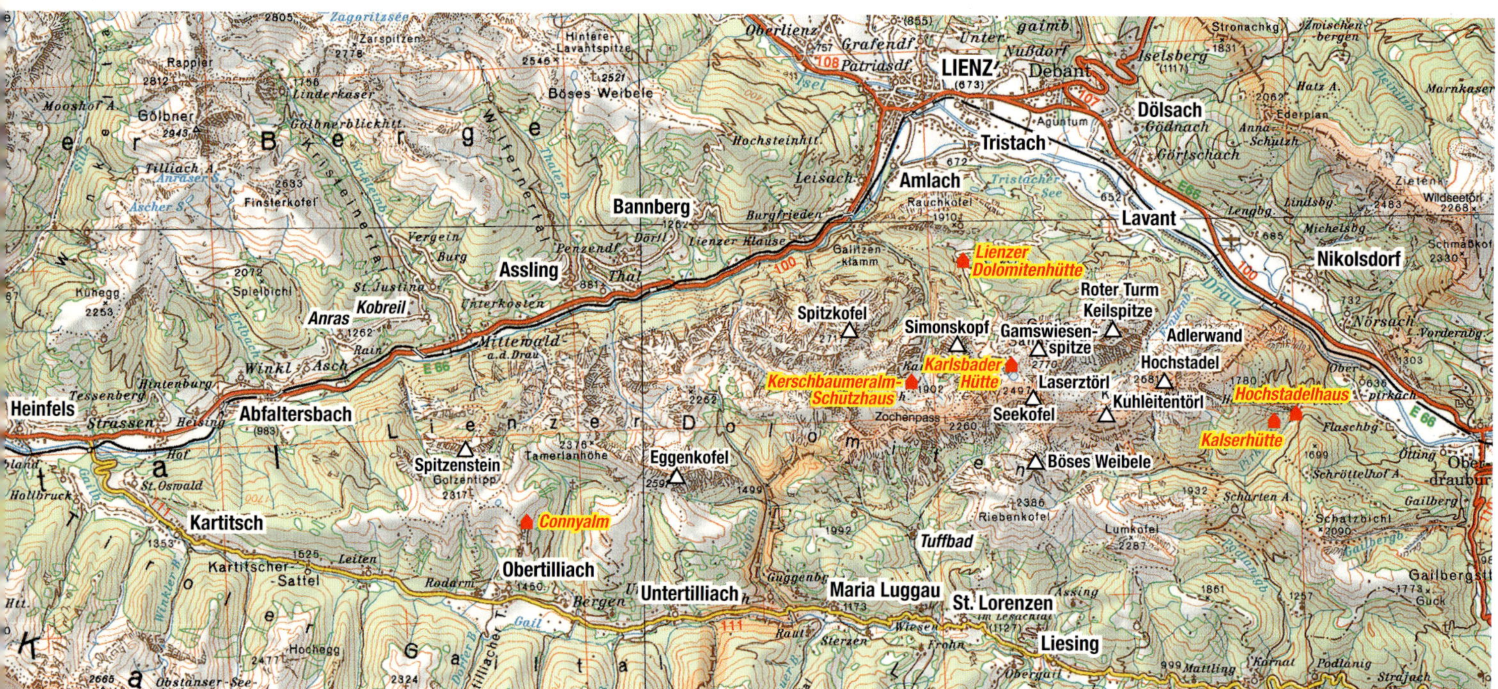

Hochstadelhaus, 1780 m
ÖTK-Sektion Oberdrauburg
Geöffnet von Mitte Juni bis Mitte September
Auffahrt (11 km) mit Pkw erlaubt
12 Betten, 30 Lager
Tel. 0664/1246 165
E-Mail: www.hochstadel.at

Kalserhütte, 1800 m
Geöffnet von Mitte Juni bis Ende September
Mit Käserei
20 Betten, 3 Lager, Hüttentaxi
Auffahrt (11 km) mit Pkw erlaubt
Tel. 04710/2644 oder 0664/9750 399

Karlsbader Hütte, 2260 m
DAV Karlsbad, seit 1908
Geöffnet von Mitte Juni bis Anfang Oktober
95 Schlafplätze in Zimmern und Lagern,
neuer Sanitärbereich, kein Winterraum
Tel. 0664/9759 998, bei Bedarf Gepäcktransport
E-Mail: karlsbaderhuette@aon.at

Kerschbaumeralm-Schutzhaus, 1902 m
ÖTK-Sektion Lienz
Geöffnet von Pfingsten bis Anfang Oktober
13 Betten, 20 Lager, Materialseilbahn
Tel. 0664/3034 647 oder 0676/640 1605
Klettergarten mit Routen vom II. bis VI. Schwierigkeitsgrad in Hüttennähe
E-Mail: www.kerschbaumeralm-schutzhaus.at

Im Abendlicht unterstreicht der Rote Turm seinen Namen.

Dreitörlweg, Variante I

Einsamkeit in der Gipfelmitte

Anfahrt: Lienz, 673 m – Tristach, 2 km – Kreithof, 1047 m, 4 km, Parkplatz (Schranken, Maut) – Dolomitenhütte, 1620 m, 4,5 km, Parkplatz.

Route: Dolomitenhütte, 1620 m – Karlsbader Hütte, 2260 m, 2 Std. – Dreitörlweg zur Unholdenalm, 1780 m, mit ÖTK-Hochstadelhaus und Kalserhütte, 4–5 Std.; insgesamt 6–7 Std., bez. 213, ca. 1200 Hm Aufstieg, 1030 Hm Abstieg. Abstieg nach Pirkach, 636 m, 2¾ Std.; Taxidienst von der Unholdenalm nach Pirkach möglich (mit den Wirtsleuten des Hochstadelhauses und der Kalserhütte abklären).

Charakter: Die sanftere Variante des Dreitörlweges, markiert, Steinmänner, im Frühsommer mittelsteile Schneefelder, landschaftlich großartig, mäßig schwierig. Wir durchschreiten den stillsten Teil der Lienzer Dolomiten. Ausgesprochene Weitwanderer können diese Originalroute noch über das Kerschbaumer-, Hallebach- und Kühbodentörl bis ins Pustertal erweitern.

Von der Dolomitenhütte wandern wir auf einem bequemen, vorerst ebenen Weg zur Insteinalm (1681 m, Kapelle, Gedenktafeln, Wassertrog), die mächtig von der Laserzwand überbaut wird. Nun entweder am befahrbaren Weg in weit ausholenden Kehren oder abkürzend am Steig hinauf zum Marcherstein (Gedenktafel) und schließlich mit letztem Anstieg zur Karlsbader Hütte. Von dort führt der schmale Steig rechts am Laserzsee – ein typischer Karsee – vorbei und auf steilen Halden hinauf zum Laserztörl (2497 m, ½–¾ Std.). Ostseitig, bereits mit dem Hochstadel im Blickfeld, steigen wir zwischen Blöcken und nicht selten auf Altschnee auf den Sandanger (2179 m) ab, den ein eiskaltes Bächlein aus dem höher gelegenen Neualplboden durchrieselt. Wir überschreiten eine quer gelagerte Moräne und dürftig bewachsene Schuttfächer, ehe wir, mit Höhenverlust, am Wandsockel mehrreihiger Grattürme entlangschreiten. Zweimal weisen Tafeln in das Lavanter Almtal hinab. Wir wählen den Anstieg in das stille, felsumschlossene Sandkar und weiter in das enge Kuhleitentörl (2283 m, 1½ Std., Abb. I). Im Rückblick wird das Laserztörl und in Marschrichtung das Baumgartentörl (2330 m, ½–¾ Std.) mit seinen schief gebankten Felstürmen sichtbar (Abb. II). Vom Baumgartentörl verbindet der blockige Kennleitenkamm im leichten Auf und Ab zur stark gegliederten Südseite des Hochstadels (P 2381 m, ½ Std.), wo ein mit 218 bezeichneter Steig zum Gipfel (siehe Variante II) und der mit 213 bezeichnete Steig über das unscheinbare Leitentörl in das Badstübelekar führt (Abb. III). Bei sanftem Gefälle umschreiten wir beim Raneck die zahmste Seite des Hochstadels bis zur Unholdenalm (Abb. IV).

▶ Diese sanftere Variante des Dreitörlweges umgeht den Hochstadel, dessen Nordwand die dritthöchste Wand der Ostalpen bildet.

I

II

III

Dreitörlweg, Variante II

Den Hochstadel überschreiten

Route: Wie auf Seite 14 beschrieben zur Steigteilung auf der Südseite des Hochstadels (Wegtafel, P 2381). Zum Gipfel bez. Steig 218, 1 Std., 300 Hm Aufstieg. Abstieg zur Unholdenalm, 1780 m, 1¾–2 Std.; Dreitörlweg insgesamt 8½ Std. ab Dolomitenhütte. Der Taxidienst von der Unholdenalm nach Pirkach ist mit den Wirtsleuten des Hochstadelhauses und der Kalserhütte abzuklären.

Charakter: Die anspruchsvollere Variante des Dreitörlweges, bezeichneter Steig, Trittsicherheit erforderlich. Bei sicherem Wetter bereichert das Abenteuer Dreitörlweg die Variante über den Hochstadel. Er zählt geschichtlich zu den bemerkenswertesten Gipfeln der östlich ausklingenden Lienzer Dolomiten.

Über Blockwerk und schmale Schuttabsätze führt die Markierung im Zickzack empor. Wo wir uns dem zum Lavanter Almtal begrenzenden Blockgrat nähern, reicht der Blick zurück zum Laserztörl, das der doppelgipfelige Wildsender kühn überbaut (Abb. I). Auf Tritt- und Pfadspuren steigen wir in der Schrofenflanke höher. Es folgt eine stark durchsteinte Rinne (Drahtseile) bis zur engen Schneeklammkopflucke (Abb. II).
Daran schließt sich ein steil gegen Norden abgleitender Schutthang an, der bei harter Schneeauflage erhöhte Vorsicht verlangt. Wir erreichen die Schneeklammkopfscharte (2600 m) und den Beginn des zum Hochstadel führenden Südwestgrates (Abb. III).
Über diesen, auf lockeres Gestein achtend, hinauf zum hell besonnten Gipfel mit dem mächtigen Heimkehrerkreuz.
Von dort, bereits halb unter Kärntner Himmel, blicken wir in das Zentrum der östlichen Lienzer Dolomiten (Abb. rechts).
Der Abstieg führt über Schrofen zur unauffälligen Badstübelescharte (2495 m), später zur Rosskerlscharte (2345 m) und zum tiefer gelegenen, schwach eingekerbten Rudnigschartl (2260 m). Sanfter zeigt sich das geräumige, mit Latschen teils dunkel überwogte Garnitzenkar. Schließlich geht es an den Quellfassungen vorbei und auf die satten Almböden zu den komfortablen Einkehrmöglichkeiten und 350-jährigen Almhütten (siehe Seite 14, Abb. IV).

▶ Blick vom Hochstadel in die Gipfelflur des Lavanter Almtales. Über dem Laserztörl sind Westlicher und Östlicher Wildsender erkennbar, ein verscharteter Kamm verbindet über das Lavant-Luggauer Törl zur aalglatten Schwärza. Zu Füßen dieser Felskulisse durchquert der Dreitörlweg die weite Karlandschaft.

Roter Turm, 2702 m

Klettern im Laserz

Anfahrt: Lienz, 673 m – Tristach, 2 km – Kreithof, 1047 m, 4 km, Parkplatz (Schranken, Maut) – Dolomitenhütte, 1620 m, 4,5 km, Parkplatz.
Route: Dolomitenhütte, 1620 m – Karlsbader Hütte, 2260 m, 2 Std. – Roter Turm, 2702 m, 1¾–2 Std., 442 Hm Aufstieg; insgesamt 4 Std., 1100 Hm Aufstieg.
Charakter: beliebter, oft besuchter Felsgipfel, Übung im Fels und Seilgebrauch erforderlich.

Von der Dolomitenhütte wandern wir auf bequemem, vorerst ebenen Weg zur Insteinalm (1681 m). Nun entweder am befahrbaren Weg in weit ausholenden Kehren oder abkürzend am Steig hinauf zum Marcherstein und schließlich mit letztem Anstieg zur Karlsbader Hütte im Laserz. Östlich der Hütte weisen Wegtafeln in das Laserzkar und auf die Kleine Laserzwand. Auf deren felsdurchsetzten Südseite windet sich der Kehrensteig zum Schmittsattel links des Roten Turms empor (1 Std., Abb. rechts).
Dort setzt die Kletterei auf plattigen, westwärts geneigten Felsstufen an, ehe der Schmittkamin (II, mehrere Fixhaken) überlegte Spreizschritte fordert (Abb. I).
Nach der Engstelle weitet sich der Kamin, und über teils loses Geröll gelangen wir in wenigen Minuten zum senkrecht ansteigenden Felsspalt, der in gutgriffigem Gestein auf das Gipfeldach lenkt (¾–1 Std., Abb. II).
Der typische Karrenfels wird von einer winkeligen, schmalen Kluft zerrissen. Mit einem befreienden Lächeln nähern wir uns dem 1927 aufgestellten Kreuz (Gipfelbuch), das zu runden Jahrestagen eine besondere Verehrung erfährt. Der Abstieg (Schneiderkamin) führt ostseitig über Felsstufen hinab (Steindauben) und setzt sich im festen Fels des Ellerturms fort (Abb. III).
Nach einem luftigen Spreizschritt klettern wir sieben bis acht Meter in einem halb umschlossenen Kamin tiefer, ehe über gestufte Schrofen das Schmittband am Fuß der Roten-Turm-Südwand erreicht wird. In Nordwestrichtung führt es zur Kleinen Laserzwand und damit zum Aufstiegsweg zurück.
Der Rote Turm weist neben dem sogenannten Normalweg Routen in nahezu allen Schwierigkeitsgraden auf und eignet sich bestens für Bergrettungs- und andere Ausbildungskurse. In der Nacht vor dem Herz-Jesu-Sonntag erstrahlt der Rote Turm im Schein der Bergfeuer. Sie bilden eine Lichterkette, die sich über den Großen Laserzkopf bis zur Großen Sandspitze fortsetzt.

▶ Hoch über der Karlsbader Hütte und dem Laserzsee reihen sich Schöttnerspitze (links), Roter Turm, Ellerturm sowie Kleiner und Großer Laserzkopf.

Seekofel, 2744 m

Felswucht über dem Laserzsee

Anfahrt: Lienz, 673 m – Tristach, 2 km – Kreithof, 1047 m, 4 km, Parkplatz (Schranken, Maut) – Dolomitenhütte, 1620 m, 4,5 km, Parkplatz.

Route: Dolomitenhütte, 1620 m – Karlsbader Hütte, 2260 m, 2 Std. – Ödkarschartl, 2596 m, ¾ Std. – Seekofel, 2744 m, 1½–2 Std.; insgesamt 4½–5 Std., 1150 Hm Aufstieg.

Charakter: sehr lohnender, mittelschwerer Klettersteig, überwiegend B, stellenweise B/C mit Überschreitung Eggerturm, 2699 m. 500 m Stahlseilsicherung, Klettersteigset und Helm empfehlenswert.

Besonderheiten: Klettersteige ermöglichen Bergsteigern das selbstständige Begehen von versicherten Routen auf Felsgraten und in Felswänden. Die Linienführung ist durch das Stahlseil vorgegeben, das sowohl zur Sicherung der Kletterer als auch zum Festhalten und zur Orientierung dient. In den Lienzer Dolomiten wurden in den Jahren ab 2005 neue Klettersteige mit alpinem Charakter gebaut sowie alte bestehende Anlagen saniert. Die meisten davon sind – wie der Seekofel-Klettersteig – auch für Klettersteig-Einsteiger geeignet.

Von der Dolomitenhütte auf bequemem, zunächst noch ebenen Weg zur Insteinalm (Kapelle) und entweder am flacheren, befahrbaren Weg oder abkürzend auf gut saniertem Steig zum Marcherstein (Gedenktafel) und zur Karlsbader Hütte. In fast südlicher Richtung ist das Ödkarschartl zwischen Seekofel (links) und Leitmaritzer Spitze (rechts) sichtbar. Dorthin führt der Saazersteig. Zunächst hinauf zur DAV-Gedenkstätte (Kreuz), dann im Haldenschutt und gelegentlich auf Schneeresten zum felsdurchsetzten Laserzer Ödkarschartl.

Auf markierten, östlich verlaufenden Kammschrofen (Steigspuren) gelangen wir zum Beginn des Klettersteiges mit anfänglich kurzem Abstieg. Es wechseln feste, plattige Gratfelsen und Schuttbänder sowie kleine Felsabsätze in der stark zergliederten südseitigen Bergflanke (Abb. I).

Etwas sportlicher und exponierter kann der Eggerturm im festen Gestein überklettert werden (Abb. I, Seite 10). Die leichtere Route (markierte Steinaufschrift) umgeht den Eggerturm südseitig zum sogenannten Gratgendarm (Abb. II).

Dort überrascht der Blick zur Karlsbader Hütte durch ein Felsfenster. Weiter über abstehende Zacken und sonnige Gratblöcke (Abb. III) zum nahen Gipfel mit Kreuz (Buch) des Tourismusverbandes Lienzer Dolomiten. Hoch über dem südlichen Wildsendertal hinweg betrachten wir vom Gipfel aus die Karnischen Berge in ihrer gesamten Länge und Schönheit.

▶ Der Seekofel zählt zu den beherrschenden Felsbergen im Laserz und überbaut breit die Karlsbader Hütte. Der rechts angebaute Eggerturm trägt den Namen des am 2. Februar 1959 am Cerro Torre tödlich verunglückten Lienzer Bergsteigers Toni Egger.

Simonskopf, 2687 m

Der Felsriese im „Mohammedanerkar“

Anfahrt: Lienz, 673 m – Tristach, 2 km – Kreithof, 1047 m, 4 km, Parkplatz (Schranken, Maut) – Dolomitenhütte, 1620 m, 4,5 km, Parkplatz.

Route: Dolomitenhütte, 1620 m – Karlsbader Hütte, 2260 m, 2 Std. – Ödkarschartl, 2596 m, ¾ Std. – Simonskopf, 2687 m, ¾ Std., ca. 500 Hm Aufstieg; insgesamt ca. 3½ Std., 1100 Hm Aufstieg.

Charakter: Klettergrat, markiert, mäßig schwierig, Klettersteigset und Helm sind fixer Bestandteil der Ausrüstung. Das Gestein auf der Kletterroute (SO-Grat) ist relativ fest und teils gut gestuft.

Besonderheiten: Die Aussicht vom allseitig auffälligen Simonskopf wird nur von wenigen Gipfeln im zentralen Gebirgsstock der Lienzer Dolomiten übertroffen. Gut überschaubar ist der weite Raum der Kerschbaumeralm, das sanfte Gegenstück zum Laserz in der Gipfelmitte der Lienzer Dolomiten. Den weiten grünen Almboden mit dem Kerschbaumeralm-Schutzhaus umbauen schroffe Berge wie die Weittalspitze und der zackenreiche Eisenschuss im Süden sowie der Spitzkofel mit seinen unvergleichlichen Türmen im Nordwesten. Da sollte man sich am Simonskopf Zeit nehmen, dieses Felsenreich zu bestaunen.

Von der Dolomitenhütte auf bequemem, zunächst noch ebenen Weg zur Insteinalm (Kapelle) und entweder am flacheren, befahrbaren Weg oder abkürzend auf gut saniertem Steig zum Marcherstein (Gedenktafel) und zur Karlsbader Hütte.

In fast südlicher Richtung ist das Laserzer Ödkarschartl zwischen Seekofel (links) und Leitmaritzer Spitze (rechts) sichtbar. Dorthin führt der Saazersteig. Von dort gelangen wir in einer schmalen Schuttrinne in das 70 Meter tiefer gelegene „Mohammedanerkar“ (blau-weiß) und nähern uns entlang der Kammfelsen (Steinmänner) dem Vorbau des Simonskopfes mit Blick auf dessen Breitseite (Abb. I).

Auf den ineinander verkeilten Blöcken des ersten steilen Grataufschwunges verlassen wir uns auf das Fixseil und bei einer zwei Meter hohen Felsstufe auf eine dort angebrachte Reepschnurschlaufe. So erreichen wir sicher den südlichen Vorgipfel (Purtschellerspitze, Abb. II).

Die Klettersteigroute verlässt die Grathöhe nur geringfügig (Abb. III).

Im leichten Auf und Ab gelangen wir zum behäbigen Gipfel, den seit 2007 das Kreuz der Osttiroler Bergrettung ziert (Abb. IV).

▶ Von der Großen Gamswiesenspitze schweift der Blick über die doppelgipfelige Kleine Gamswiesenspitze zum markanten Simonskopf zwischen Karlsbader Hütte und Kerschbaumeralm. Als steile Pyramide überragt er das Kerschbaumer Ödkar, das im Volksmund auch „Mohammedanerkar“ genannt wird.

I

II

III

Große und Kleine Gamswiesenspitze, 2488 m

Abenteuer Madonnen-Klettersteig

Anfahrt: Lienz, 673 m – Amlach, Leisach, 2 km (Burgfrieden) – Klammbrückl, 1096 m, Parkplatz (Schranken, Stadtweg), 4 km.

Route: Klammbrückl, 1096 m – Kerschbaumeralm-Schutzhaus, 1902 m, 2 Std. – Einstieg Madonnensteig 1 Std., Kletterzeit 3½ Std., Klettersteigende am Kerschbaumertörl, 2285 m, ¾ Std.; insgesamt 7–8 Std., ca. 1500 Hm Auf- und Abstieg.

Charakter: mäßig schwierig. Im Felsbereich durchgehend versichert, Klettersteigset und Helm empfehlenswert.

Besonderheiten: Ab dem Naturdenkmal Klammbrückl genießen wir die üppige Flora und den herrlichen Mischwald im Kerschbaumertal, eine wahre Farbenpracht zu herbstlicher Zeit. Ein spürbarer Kontrast zur sanften Alm sind die pyramidal emporstrebenden Gamswiesenspitzen.

Über die Große und Kleine Gamswiesenspitze führt der 2006 fertiggestellte Madonnensteig, der nach einer wie eine Madonnenstatue anmutenden Steinskulptur benannt wurde. Bei der Karlsbader Hütte zeigen sich diese Berge ebenfalls sehr wirkungsvoll (Abb. I).

In Richtung Kerschbaumertörl wandern wir bis zur oberen Latschengrenze (1 Std., Tafel). Dort wenden wir uns bergseitig der höher gelegenen Schrofenwand zu und klettern über Kanten, Grat- und Wandpassagen abwechslungsreich empor (Abb. II).

Im stark gegliederten, unterschiedlich steilen Gelände aufwärts (Abb. III), ehe nach einer Wandquerung die große Schlucht auf einer zwölf Meter langen, sogenannten Nepalbrücke überschritten wird (Abb. rechts). Weiterhin auf kompaktem Fels, Rippen und Steinquadern empor, bevor wir auf erdigem, rasengesäumten Steig die Große Gamswiesenspitze erreichen (2 Std., Steinmann). Wir verlassen den Gipfel über die Gamswiese (Blaugrashalde) hinab zum Gamsschartl (2369 m) zwischen Großer und Kleiner Gamswiesenspitze.

Dort in der Gamswiesensandte östlich einige Schritte hinab, dann im festen Fels am rechten Rand der Nordostwand zum Westgipfel empor (1 Std.). Zum Ostgipfel der Kleinen Gamswiesenspitze überwinden wir eine scharfzackige Scharte und hinab zum Kerschbaumertörl seilversicherte Felsstufen (¾ Std.).

▶ Auf der schaukelfreudigen sogenannten Nepalbrücke überschreiten wir eine große, den Berg vertikal durchziehende Schlucht.

Spitzkofel, 2718 m

Wahrzeichen und Hausberg von Lienz

I

II

III

Anfahrt: Lienz, 673 m – Amlach, Leisach (Burgfrieden) – Klammbrückl, 1096 m, Parkplatz (Schranken, Stadtweg), 4 km.

Route: Klammbrückl, 1096 m – Kerschbaumeralm-Schutzhaus, 1902 m, 2 Std. (Materialseilbahn) – Spitzkofel, 2718 m, 3 Std.; insgesamt 5 Std., 1622 Hm Aufstieg.

Charakter: Im Gegensatz zu den schräg geschichteten und nur erfahrenen Kletterern zumutbaren Spitzkofeltürmen erlaubt der Normalweg auf der Südseite den Gipfelbesuch jedermann. Die Route ist markiert und im Fels ausreichend versichert.

Besonderheiten: Am Südwestgipfel des Spitzkofels befindet sich die Linderhütte (Baujahr 1884, 2705 m). Sie gilt als erster alpiner Stützpunkt in den Lienzer Dolomiten und liegt fast 2000 Meter über dem Lienzer Talboden. Die innen behaglich mit Holz ausgetäfelte, unversperrte Hütte bietet acht Schlafplätze, jedoch keine Feuerstelle und kein Trinkwasser.

Variante: Der Spitzkofel ist für ausdauernde Wanderfreunde auch durch das Hallebachtal im Osten mit Ausgangspunkt im Kerschbaumertal erreichbar. Ein wesentlich längerer Aufstieg erfolgt durch das Kühbodental, ausgehend von der Luggauer Brücke im Pustertal. Beide Varianten sind tagesfüllende Bergtouren.

Vom Leisacher Ortsteil Burgfrieden gelangen wir über die Drau und am Stadtweg zum Naturdenkmal Galitzenklamm im Kerschbaumertal. Beeindruckend ist diese 33 Meter tiefe, vom Kerschbaumeralmbach in Jahrmillionen schmal ausgefräste Schlucht.

Im Schatten ausladender Buchen gehen wir im Landschafts-Schutzgebiet am Fahrweg oder besser abkürzend am Waldsteig in den Talschluss mit dem Naturdenkmal Klapffall. Noch über eine Felsstufe hinauf in das Almparadies mit schütteren Lärchenhainen und bizarrer Bergumrahmung.

Dort gilt das Kerschbaumeralm-Schutzhaus als idealer Ausgangspunkt zum Spitzkofel. Das obere, baumfreie, von jahrhundertealten Moränen grün überlagerte Tal gewährt den Zugang zum Hallebachtörl (2399 m, 1¼ Std., Abb. I).

Es folgt ein kurzer Abstieg in das fast vegetationslose Hallebachtal, das wir bis zum südlichen Felsfuß des Spitzkofels queren, ehe wir in einer Schuttrinne zum Beginn der versicherten Route ansteigen (Abb. II).

Wir gewinnen auf Felsbändern zwischen Türmen und Zacken an Höhe (Abb. III) und erreichen die kleine Linderhütte am Südwestgipfel (2705 m, 1 Std.).

Noch trennt die Spitzkofelscharte im leicht abschüssigen, mäßig schwierigen Gelände bis zum Kreuz am höchsten, aussichtsreichen Punkt (¾ Std.).

▶ Hoch und mächtig überragt der Spitzkofel die Stadt Lienz.

Adlerwand, 2391 m

Der „zahmste" Gipfel im Unholdenreich

Anfahrt: Lienz, 673 m – Tristach, 2 km – Kreithof, 1047 m, 4 km, Parkplatz (Schranken, Maut).
Route: Kreithof, 1047 m – Lavanter Altalpl, 1410 m, 1¼ Std. – Lavanter Kolm, 1939 m, 1½ Std. – Adlerwand, 2391 m, 1¼ Std.; insgesamt 4 Std., 1344 Hm Aufstieg.
Charakter: dürftig markiert, für Geübte. Die Adlerwand beschließt den von der Großen Keilspitze östlich abklingenden Felskamm, ehe dessen Flanken steil ins Lavanter Almtal abstürzen. In Begleitung eines Bergerfahrenen wird die Adlerwand auch weniger Geübten ein schönes, alpines Erlebnis bereiten.
Besonderheiten: Erwähnenswert sind die zu einem Kreuz geordneten Bergfeuer am schneebedeckten Großen Lahner anlässlich des Herz-Jesu-Sonntags im Juni.

Ab dem Kreithof benützen wir die Dolomitenstraße noch einen Kilometer. Dort zweigt der Forstweg (Schranken) zum Lavanter Altalpl auf einer waldumschlossenen Wiese ab (Tafeln). Einige Minuten östlich führt der Kolmsteig im urigen Wald empor. Prachtvoller Türkenbund überrascht, aus dessen prall gelben Zwiebeln Alchimisten in der Spätantike (17. Jh.) Gold zu gewinnen hofften. Weiße Alpenrosen (kleine Abb. rechts) blühen vereinzelt zwischen Kleinem und Großem Lahner, wo Altschnee liegt und darüber die Adlerwand vom Lienzer Talboden gut sichtbar ist (Abb. rechts).

20 Minuten später erreichen wir den von Lärchen umgrenzten Lavanter Kolm (Kolmsattelwiese) mit erfrischendem Quellwasser (siehe Abb. I, Seite 30). Dieses wunderbare Bergidyll überragt die Adlerwand kühl am Morgen (Abb. I).

Der Name mag von Steinadlern oder den mehrfach beobachteten, um den Gipfel kreisenden Weißkopfgeiern aus den Julischen und Venezianischen Alpen herrühren. Hinauf zum Oberen Lavanter Kolm trägt der Hang noch ein schütteres Lärchenkleid, dann eine dünne Grasnarbe und schließlich losen Schutt. Oberhalb einer 30 Meter hohen Felsstufe fällt ein schmaler, meist durchnässter Felsspalt auf (Abb. II).

Durch diesen Stemmkamin (I, 30 m) erreichen wir den höher gelegenen Geröllhang und den Gipfelanstieg (1 Std., Abb. III).

Dort steigen wir mit überlegten Schritten in einem kurzen Kamin empor und schließlich im festen Fels zum schmalen Grat und zum nahen Gipfelkreuz mit Buch.

▶ Vom schneebedeckten Großen Lahner bahnt sich der Steig knapp unterhalb der Lärchengrenze zur Kolmsattelwiese. Auch vom Lienzer Talboden ist die Adlerwand gut sichtbar. In der Waldzone des Berges verbergen sich die seltenen Weißen Alpenrosen.

Große Keilspitze, 2739 m

Stille, wilde Felsenwelt

Anfahrt: Lienz, 673 m – Tristach, 2 km – Kreithof, 1047 m, 4 km, Parkplatz (Schranken, Maut).
Route: Kreithof, 1047 m – Lavanter Altalpl, 1410 m, 1¼ Std. – Lavanter Kolm, 1939 m, 1½ Std. – Große Keilspitze, 2739 m, 2½ Std.; insgesamt ca. 5½ Std., 1750 Hm Aufstieg.
Charakter: für Geübte, markiert, Steinmänner. Weniger Geübte an einigen Stellen am kurzen Seil sichern. Die schneefreie Jahreszeit ist zu bevorzugen.
Besonderheiten: Der in Graslitz im Erzgebirge geborene Franz Keil (1822–1876) war ein bedeutender Geoplast und Bergsteiger. Er war in der Lienzer Stadtapotheke „Zur Madonna" tätig. Die Keilspitze trägt seit 1885 ihm zu Ehren seinen Namen. Die seit 1978 den Gipfel bewachende, aus Zirbenholz geschnitzte Madonna stammt von Alfred Thenius (gest. 2010). Sie wurde von Mitgliedern des Lienzer Alpenvereins zum Gipfel gebracht. Die Pflege der Figur obliegt dem Tristacher Siegfried Klocker.

Auf der märchenhaften Kolmsattelwiese (Quelle) ist die Keilspitze (links) sichtbar (Abb. I).

Wir steigen zum Oberen Lavanter Kolm auf und in der langen, nach oben schmal zulaufenden Kolmklamm empor (mühsam). Die Kolmklamm-Scharte wird von zwei schlanken Türmen, den sogenannten Schwestern, nordseitig bewacht, während westlich unverkennbar der „Neandertaler" (Keilturm) residiert (Abb. II).

Wir steigen nun linker Hand eine Schutthalde zur engen Scharte links des Rabenkopfes an (Abb. III).

Dort sind ein 20 Meter langes Fixseil und im rechten Begrenzungsfeld einige Haken hilfreich (Steinschlag vermeiden!). Dieser Anstiegsteil kann in der Scharte vereist sein.

Hier wechseln wir aus der Schattenseite ins helle Sonnenlicht. Der Rabenkopf und der links aufragende Falkenkopf werden südseitig auf schotterigen Bändern umgangen (Abb. IV).

In weiterer Folge überklettern wir die Kleine Keilspitze (2712 m, 4 m Fixseil), worauf ein versicherter Abstieg in eine erdige Rinne anschließt, die zur nahen Keilscharte führt. (Nach Süden wäre hier für Geübte und Ortskundige ein Abstieg möglich.) Dagegen ist der Schlussanstieg zur Großen Keilspitze leicht und kurz (Kreuz, Buch, Madonna). Die uns am Gipfel gewährte Aussicht belohnt für die Mühen des Aufstiegs.

▸ Die in goldener Abendrobe umhüllte Keilspitze gilt als Haupt der sogenannten Unholden, wie die Gipfel in diesem Teil der Lienzer Dolomiten bezeichnet werden. Links der Großen Keilspitze reihen sich Kleine Keilspitze, Falkenkopf und Rabenkopf.

I

II

III

IV

Böses Weibele, 2599 m

Ein Sagenreich unter Kärntner Sonne

Anfahrt: St. Lorenzen im Lesachtal, 1128 m – Tuffbad, 1262 m, 3 km. Eine schmale Bergstraße führt von der kleinen Ortschaft Wiesen (14-Nothelfer-Kapelle) 1 km westlich von St. Lorenzen zum Tuffbad.

Route: Tuffbad, 1262 m – Solektörl, ca. 2170 m, 2½ Std. – Böses Weibele, 2599 m, 2 Std.; insgesamt 4½ Std., 1337 Hm.

Charakter: Auf Markierung achten, Trittsicherheit erforderlich, kein Trinkwasser. Wald, Almen und Fels reihen sich mit jeweils eigenem Flair am Weg zum Kärntner Bösen Weibele südlich der zwischen Osttirol und dem Lesachtal grenzziehenden Grubenspitze. Im Felsbereich zum Bösen Weibele folgen wir der markierten Eduard-Lexer-Route. Vom Übergang zum Rosenköpfl, durch eine tiefe Gratscharte vom Bösen Weibele getrennt, ist ohne Seilsicherung abzuraten.

Besonderheiten: Das Tuffbad mit Feriendorf und Heilbad weist eine alte und lange Geschichte auf. Im 18. Jahrhundert entdeckten Maria Luggauer Serviten im Radegundtal mineralische Quellen, was schließlich zum Bau einer ersten kleinen Badehütte in schönster Lage führte. Heute ist das Tuffbad mit seiner fast 200-jährigen Tradition weit über das Land hinaus bekannt und viel besucht.

Vom Tuffbad zum Solektörl bieten sich zwei Möglichkeiten an: entweder über die Lackenalm (bez. 229) oder direkt vom Wildsenderbach (Brücke, Waldkreuz, bez. 22), unweit vom Tuffbad, steil und in vielen Kehren im Wald bergan. Dort bewundern wir an mehreren Stellen üppige Frauenschuhvorkommen, die im Juni in voller Blüte stehen.

An höherer Stelle träumt einsam eine kleine Jagdhütte, ehe am oberen Waldsaum der von der Lackenalm kommende Steig einfließt. Da trennen noch 15 Minuten vom „Solektörl" (Karlantörl). Das dort östlich beckenförmig ausgebreitete Rasenkar, das sogenannte Karl, erlaubt den Übergang zum höchstgelegenen Kammsattel (Flächelantörl, ¾ Std., ca. 2300 m, markiert, Holzpflöcke, Abb. I).

Dort steigen wir 70 Höhenmeter ab und queren die mit Alpenastern bewachsene Rasenflanke etwa 100 Meter gegen Osten. Dann geradlinig hinauf zum Südwestgrat, dessen Türme und Zacken mehrheitlich rechts umgangen werden (Abb. II).

Auch der „Posaunenklapf" kann im Aufstieg rechts passiert werden (Abb. III, im Hintergrund ist der rasenbedeckte Riebenkofel sichtbar).

Weiterhin der Markierung folgend zum Gipfelkreuz (Buch) des Österreichischen Bergrettungsdienstes St. Lorenzen (Abb. IV). Nördlich vom Bösen Weibele reihen sich Seekofel, Westlicher und Östlicher Wildsender im Reich der Lienzer Dolomiten.

▶ Das Böse Weibele (rechts) und das Rosenköpfl schmiegen sich eng aneinander.

I

II

III

Spitzenstein, 2265 m

Weg der Sinne

Anfahrt: Abfaltersbach, 982 m – Wurzerhof (Lechenbauer), 1168 m, begrenzte Parkmöglichkeiten.

Route: Wurzerhof, 1168 m – Aigner Kaser, 1850 m, 2 Std., bez. 3, 3a – Jochsattel, 2113 m, 1 Std. – Spitzenstein, 2265 m, 1 Std.; insgesamt 3 Std., 1100 Hm Aufstieg (bei Fahrgelegenheit ab Wurzerhof bis in den Bereich der Aigner Kaser nur ca. 400 Hm).

Charakter: markierte Wege, zum Gipfel teils mit Drahtseilen versichert. Meditative Stationen am Franziskussteig, der an Franz Mitterdorfer (Abfaltersbach) erinnert.

Besonderheiten: Der Spitzenstein ist der letzte namhafte Felsgipfel im sich östlich erstreckenden Kamm der Lienzer Dolomiten. Gelegentlich wird bei Schönwetter am Gipfel, sonst am südlich gelegenen Jochsattel eine Bergmesse zelebriert. Dann wird der im Text erwähnte Klemmblock mit einer kurzen Leiter entschärft. Damit ist aber nicht generell zu rechnen.

Östlich der Erlbrücke in Abfaltersbach (blau bemaltes Gewerbehaus) senkt sich die asphaltierte Straße hinab zur Draubrücke und endet am Gegenhang beim Wurzerhof (Lechenbauer). Darüber ragt der Spitzenstein wie eine Pyramide auf (Abb. I).

Ein Forstweg (Schranken) schlängelt sich hinauf zum Roanbichl (1414 m) und – eine breite, rostbraune Sandsteinader passierend – zur abgewohnten Aigner Kaser auf fruchtbaren Bergwiesen. Nach weiteren zwei Wegkehren kommen wir an einer Jagdhütte mit Almkreuz vorbei (Schranken). Wir bleiben noch 25 Minuten am breiten, knapp unterhalb des Dorfbergkammes östlich ausgreifenden Weg, ehe die Wanderung am Franziskussteig fortsetzt (Abb. II).

Die meditativen Stationen mit den Symbolen Sonne, Mond, Feuer, Wasser stimmen auf die Stille und Abgeschiedenheit des Spitzensteins ein. Wir erreichen den Jochsattel (Bänke, Tisch), wo wir dem Spitzenstein südlich gegenüberstehen (Abb. rechts).

Ein den Rasenhang querender Steig führt zum östlich gelegenen Einstieg mit einem festsitzenden Klemmblock. Er kann über die Leiter oder auch durch ein enges Schlupfloch bezwungen werden. 25 Meter höher ist eine Felsplatte nach rechts zu queren (Drahtseil). Anschließend geht es steil eine schmale Rasenrampe empor zur Ostschulter (Abb. III), von wo wenig später auf Steigspuren der Südgipfel erreicht wird.

Die schöne Aussicht reicht bereits weit und es trennen nur noch einige Felsköpfe und Einschartungen vom Kreuz (Buch) am nördlichsten Gratgipfel.

▶ Der Spitzenstein vom Jochsattel aus gesehen.

I

II

III

IV

Eggenkofel, 2590 m

Ein Felsriese am Gailtaler Höhenweg

Anfahrt: Wandertaxidienst von Obertilliach zum Ochsengarten.
Route: Obertilliach-Rals, 1426 m – Ochsengarten, 1704 m, 1½ Std. – Gumpedallsattel, 2092 m, 1¼ Std. – Westgipfel, 2513 m, 1½ Std. – Hauptgipfel, 2590 m, 1 Std.; insgesamt ca. 4½ Std. und 900 Hm Aufstieg vom Ochsengarten, Abstieg 2½–3 Std.; insgesamt 8 Std.
Charakter: dürftig markiert, Trittsicherheit erforderlich, kurze Kletterstellen (I), sehr lohnend.

Vom sonnseitigen Weiler Rals führt ein Fahrweg (Schranken) zum Ochsengarten. Von dort zum jungen Gärberbach im Gebietsteil Hinkedein (1860 m, ½ Std.). Wir setzen die Wanderung auf einem schattigen Waldsteig fort, der sich im artenreichen Unterwuchs zwischen mehr als hundertjährigen Fichten hinauf zur versperrten Nisslhütte schlängelt. Bald darauf betreten wir den Gumpedallsattel.

Zum Eggenkofel-Westgipfel (2513 m) steigen wir am Rand eines Hanggrabens vorerst sanft, dann steil im teils durchsteinten Rasengelände an (Abb. I; über dem baumentblößten Steinrastl erhebt sich die Porze am Karnischen Kamm).

Zahlreiche Edelweißsterne verzieren den gut 500 Höhenmeter hohen Berghang bis zum Kamm, auf dessen versandetem Rücken der Stangengipfel und anschließend der ähnlich hohe Westgipfel unschwierig erreicht werden (Abb. rechts).

Die zum Hauptgipfel verbindenden Erhebungen, Zacken und Gratkerben brechen nördlich steil und schattig in geräumige Hangkare ab. Kurze Kletterstellen wechseln mit leichtem Gelände.

Gelegentlich weichen wir kurz auf die Südseite des Kammes aus, ehe beim 1981 aufgestellten Kreuz (Buch) am Hauptgipfel einer der mächtigen Berge abseits des Gailtaler Höhenweges bezwungen ist (Abb. II).

Beim Abstieg achten wir auf die Markierung und auf lose Steine. Rinnen und Schluchten prägen die Südseite des Eggenkofels. Pfadspuren lenken über Schutt- und Rasenabsätze auf ein markantes Felstor zu (Abb. III).

Die lockeren Schrofenfluchten laufen schließlich beim sogenannten Hals (2138 m), dem höchsten Punkt der Kircher Bergwiesen, aus (Abb. IV).

Nun auf dem mit 35 bezeichneten Weg bergab in den Weiler Kirchberg und in die Streusiedlung Untertilliach (1235 m) oder am Gailtaler Höhenweg (bez. 229) über den Nieschengraben und eine weitere, zweiarmige Geröllrinne zurück zum Gumpedallsattel.

▶ Auf dem Kamm zum Westgipfel des Eggenkofels.

Karnischer Kamm

Der Karnische Kamm ist geologisch und geschichtlich einer der interessantesten Gebirgszüge der Alpen. Ganz eigen und kaum mit anderen Alpenlandschaften vergleichbar, spiegelt sich hier die Erdgeschichte seit 500 Millionen Jahren wider.

Die Karnischen Alpen gehören geografisch den Südlichen Kalkalpen an, ihre Gesteinszusammensetzung ist in dieser Vielfalt auf engstem Raum kaum anderswo vorhanden. Der Karnische Kamm war während des Ersten Weltkrieges Schauplatz eines blutigen und verlustreichen Stellungskrieges. Noch sind Reste ehemaliger Kavernen, Stellungen, Lauf- und Schützengräben u. a. sichtbar sowie Frontsteige, die zu Friedenswegen ausgebaut wurden. Der Karnische Höhenweg, die sogenannte Via Alpina, verläuft mehrheitlich in Kammnähe auf über 2000 Meter Seehöhe und bietet zahllos schöne Aussichtspunkte.

Der Blick geht nach Süden zu den schroffen Zinnen und Zacken der Sextener Dolomiten, nach Norden über sanfte Berge des Puster- und Villgratentales bis zu den Eisdächern der Venediger- und Glocknergruppe.

Vom Helm im Westen, hoch über dem Markt Sillian, bis zum Plöckenpass im Osten folgen wir über 54 Kilometer dem Karnischen Höhenweg und können in elf Alm- und Schutzhütten einkehren. Dafür gebührt Dank den OeAV-Sektionen Obergailtal und Austria sowie den vielen Hüttenwirten mit Mitarbeitern, von denen so manchem „seine Hütte“ ein Stück Bergheimat geworden ist. Für die Instandsetzung der vielen Routen am Karnischen Kamm zollen wir Oberst Walter Schaumann mit seinen Dolomitenfreunden Dank und Anerkennung.

Erfreulich sind Bestrebungen, das einst im Besitz der OeAV-Sektion Sillian befindliche Helmhaus zu renovieren und möglicherweise dort ein alpines Museum zu integrieren. Ansonsten ist der weitere Verfall des Hauses unausweichlich.

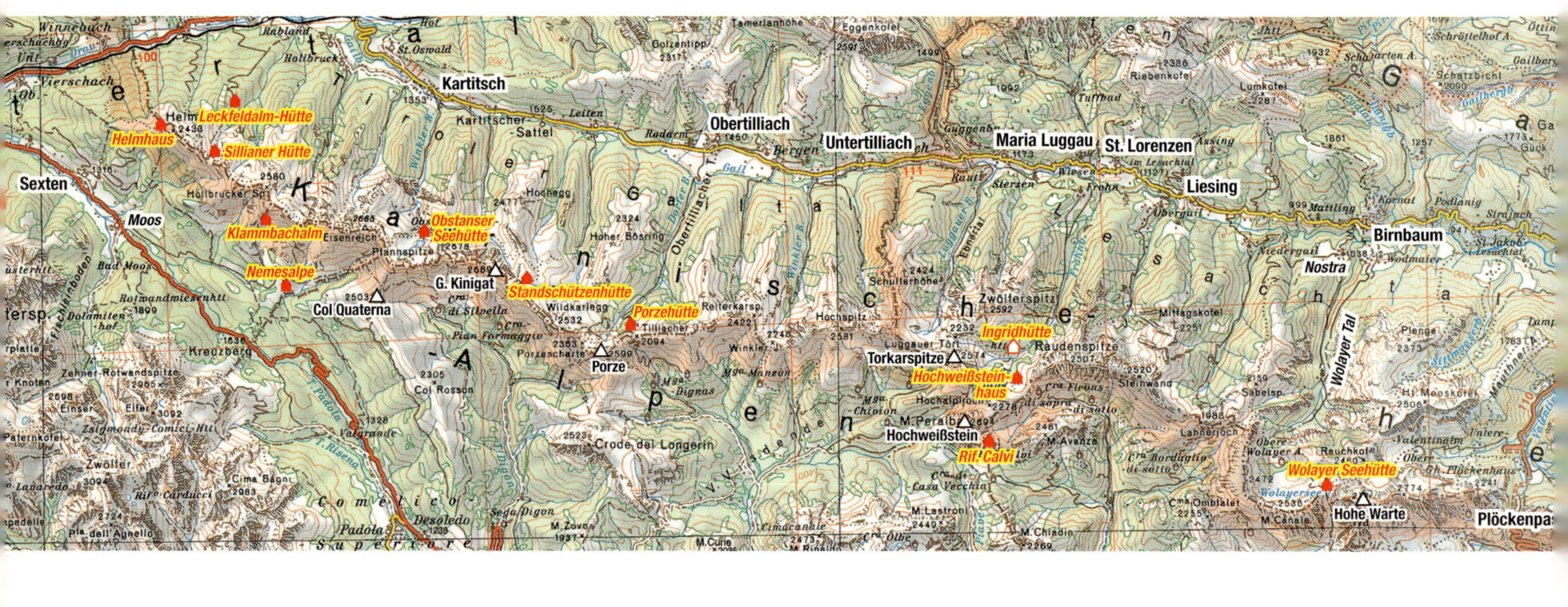

Hütteninformationen

Calvihütte, 2164 m
CAI-Sektion Sappada, mit Kapelle Maria Schnee
Geöffnet von Juni bis Anfang Oktober
60 Schlafplätze
Zustieg durch das Val Sesis von Cima Sappada
Tel. Tal 0039/0435 66176,
Tel. Hütte 0039/0435 469 232

Filmoor-Standschützenhütte, 2350 m
OeAV-Sektion Austria
Geöffnet vom 26. Juni bis 17. Oktober
15 Schlafplätze
Tel. 04848/5277 oder 0664/1127 153

Hochweißsteinhaus, 1867 m
OeAV-Sektion Austria
Geöffnet Mitte Juni bis Ende September
14 Betten, 40 Lager, neuer Sanitärbereich und gelungene Erweiterung 2009
Tel. Tal 04716/551, Tel. Hütte 0676/7462 886
www.hochweißsteinhaus.at

Klammbachalm, 1877 m
Im Bereich der Nemesalpe, Sommerbewirtschaftung

Leckfeldalm-Hütte, 1900 m
Geöffnet von Anfang Juni bis Mitte Oktober und von Jänner bis Ende Februar (Rodelbahn)
Parkplatz bei der Alm
6 Schlafplätze
Tel. 0664/3412 813
E-Mail: www.leckfeldalm.at

Nemesalpe, 1877 m
Geöffnet von Juni bis Oktober
Übernachtungsmöglichkeiten

Obstanser Seehütte, 2304 m
OeAV-Sektion Austria
Geöffnet vom 20. Juni bis 30. September
60 Lager, 10 Notlager, Hüttentaxi bis zum Talschluss
Tel. 04848/5422 oder 0664/1618 723
E-Mail: www.fam.bodner.kartitsch.net

Die Porze, der südlichste Gipfel Osttirols.

Porzehütte, 1942 m
OeAV-Sektion Austria
Geöffnet Mitte Juni bis Ende September
60 Schlafplätze
Tel. Tal 04847/5243,
Tel. Hütte 0664/4038 929
www.porzehuette.at

Rif. Marinelli, 2120 m
CAI-Sektion Udine
Geöffnet von Juni bis September
40 Betten, 50 Lager
Tel. 0039/0433 72 094 oder
0039/0433 7791 77

Rif. Lambertenghi-Romanin, 1970 m
Geöffnet von Mitte Juni bis Ende September
100 Betten, Tel. 0039/0433 72017

Sillianer Hütte, 2447 m
OeAV-Sektion Sillian
Geöffnet von Anfang Juni bis Anfang Oktober
40 Lager, 9 Betten, Tel. 0664/5323 802
www.oeav.at/sillian

Untere Valentinalm, 1220 m
Parkplatz, Gasthaus, 3 km von der Plöckenstraße
Geöffnet vom 1. Mai bis Mitte Oktober
20 Betten, 20 Lager, Tel. 04715/92 215
www.valentinalm.at

Wolayer Seehütte, 1959 m
OeAV-Sektion Austria
Geöffnet von Mitte Juni bis 30. September
17 Betten, 40 Lager
Tel. Tal 0664/2011 555, Tel. Hütte 0720/346 141
www.wolayerseehuette.at

Karnischer Höhenweg, Teil I

Unterwegs im zweisprachigen Süden

Anfahrt: Markt Sillian, 1080 m – Leckfeldalm,1900 m, 7 km, Parkplatz. Oder von Sexten (1316 m) Auffahrt mit der Helmbahn und südseitig vom Helm in 1 Std. zur Sillianer Hütte.

Route: Leckfeldalm,1900 m – Heimkehrerkreuz-Schützenmahd, 2373 m, 1¾ Std. (Trittsicherheit erforderlich) – Sillianer Hütte, 2447 m, ¾ Std. – Obstanser Seehütte, 2304 m, 3 Std.; insgesamt 5½ Std., ca. 950 Hm Aufstieg, 530 Hm Abstieg bis zur Obstanser Seehütte. Abstieg nach Kartitsch 2½ Std.

Charakter: markiert, leicht, bez. 403; zwischen Leckfeldalm und Heimkehrerkreuz auf der Schützenmahd Trittsicherheit erforderlich.

Besonderheiten: Die Route am „Weg des Friedens" (Via della Pace bzw. Via Alpina) erzählt vom Ersten Weltkrieg und besticht durch großartige Panoramabilder. Im Süden sind die Felsburgen der Sextener Dolomiten zu sehen, weit im Norden leuchten die Firnenlichter der Hohen Tauern.

Bei der renovierten Elendkapelle westlich von Sillian führt die Bergstraße über Bahn und Drau, dann in vielen Kehren im steilen Bannwald hinauf zur Leckfeldalm. Zur Sillianer Hütte am Karnischen Kamm verbindet ein in Schleifen angelegter Wirtschaftsweg (Schranken, 1¼ Std.). Wer es sportlicher bevorzugt, verlässt den erwähnten Weg nach 20 Minuten, um auf dem rechts ausscherenden Steig (bez. 11) den baumfreien Sattel (2122 m) zu erreichen. Dort steigen wir neben urigen Zirben und Lärchen und zwischen flechtenbemalten Blöcken hinauf zum 1948 aufgestellten Heimkehrerkreuz auf der Schützenmahd mit Buch und Rastbänken.

Ein händisch verbreiterter Flankensteig lenkt zum Leckfeldsattel (2381 m) und zur längst sichtbaren Sillianer Hütte (2447 m). Am Friedensweg (bez. Via Alpina) ist anschließend der Hochgrubengipfel (2537 m) bald erreicht, ehe bei den in der Erde verankerten Kavernen am Hornischegg (2550 m) die Spuren des Ersten Weltkrieges unübersehbar werden. Deutlich rechts der kreuzgeschmückten Hollbrucker Spitze queren wir einen Schrofenhang (kurze Fixseile, Abb. I). Anschließend büßen wir etwas Höhe ein, bis wir den kleinen Bergfriedhof beim Hochgräntensee (2429 m) erreichen (Abb. II).

Leicht überschreitbar sind Demut und Schöntalhöhe (2634 m, Abb. III).

Nur die Eisenreichgipfel (2665 m) sind mit dunkel marmoriertem Gestein schroffer und bieten den Blick zum Obstanser See mit der Hütte am Nordufer (Abb. IV).

Deutlich unterscheidet sich der helle Devon-Riffkalk am Rosskopf vom dunklen Silurschiefer der Pfannspitze (2678 m).

▶ Die Dreischusterspitze erstrahlt bereits im aufrötenden Morgenlicht, während um die Sillianer Hütte noch nächtliche Schatten streifen.

Karnischer Höhenweg, Teil II

Drei Schutzhütten in einer majestätischen Bergwelt

I

II

III

Route: Obstanser Seehütte, 2304 m – Pfannspitze, 2678 m, 1 Std. – Filmoor-Standschützenhütte, 2350 m, 2½ Std. – Heretriegel, 2170 m, 1¾ Std. – Porzehütte, 1942 m, 1¾ Std.; insgesamt 6–7 Std., ca. 500 Hm Aufstieg, ca. 900 Hm Abstieg.
Charakter: markiert, bez. 403, leicht in schneefreier Jahreszeit, landschaftlich ansprechend.

Mit freier Sicht in den Norden steht die Obstanser Seehütte am Ufer des gleichnamigen Karsees. Ein Kriegerfriedhof liegt bergseitig 20 Minuten entfernt (Abb. I). Noch sind überall Kriegsspuren sichtbar. Am Obstanser Sattel (2453 m, bez. 5a, 40 Min.) verästeln sich halb eingesunkene Schützengräben im steinigen Terrain. Von dort folgen wir dem Steig am Südwestkamm zur Pfannspitze, die mit großartiger Aussicht belohnt. Höhepunkt der Gipfelschau sind die Kinigatberge, zu denen wir die Höhenwanderung fortsetzen (Abb. II).
Die von der Pfannspitze zunächst absteigende Kammroute führt nach leichtem Auf und Ab auf die rippige, nördliche Kammseite und dann auf beweglichem, hellgrauen Gestein südlich an der Kleinen Kinigat vorbei. Anschließend windet sich der Steig über eine Rasenstufe hinab zur Kinigatscharte mit Resten ehemaliger Stellungen. Wie Goldmünzen strahlen die seidig-weichen Alpenmohnblüten (kleine Abb. rechts) auf den südlichen Steinhalden der Großen Kinigat und Königswand bis hin zum Filmoorsattel (2459 m), ehe wir 15 Minuten später in der Standschützenhütte einkehren.
In Richtung Porzehütte wandern wir zwischen Felsbänken, kleinen Moortümpeln und Haldenschutt hinab zum Oberen Stuckensee (1 Std.). Dort zweigt ein Steig rechts über Grashänge zum Heretriegel (2170 m, ¾ Std.) ab, dem Übergang in das Dorfer bzw. Tilliacher Tal. Auf der gegenüberliegenden Talseite ist bereits die Porzehütte sichtbar, während im Talschluss breit und wuchtig die Porze, die im Ersten Weltkrieg eine Schlüsselrolle spielte, dem Karnischen Kamm entragt. Diesem Gipfel wandern wir entgegen (Abb. III).
Ca. 30 Minuten nach dem Heretriegel beachten wir bei einer Hochspannungsleitung den dort ansetzenden Abstieg. Ein Kehrensteig (Seil) führt 80 Meter bergab und schließlich bei mäßigerem Gefälle über Geröllrinnen im Talschluss. Abschließend auf dem von Grünerlen, den sogenannten Lutterstauden, begrenzten Hangsteig zur Porzehütte.

▶ Filmoor-Standschützenhütte und Königswand. Die Große Kinigat ist nur mit ihren vorgebauten Türmen sichtbar.

Karnischer Höhenweg, Teil III

Wanderung durch den vollen Tag

Route: Porzehütte, 1942 m – Tilliacher Joch, 2094 m, ½ Std. – Bärenbadeck, 2430 m, 1 Std. – Reiterkarspitze, 2421 m, 1½ Std. – Hochspitzjoch, 2314 m, 1 Std. – Steinkarspitze, 2524 m, 1¾ Std. – Luggauer Törl, 2232 m, 1 Std. – Hochweißsteinhaus, 1867 m, 1¾ Std.; insgesamt 8½ Std., ca. 700 Hm Auf- und 1000 Hm Abstieg (leichtere Variante) bzw. 700 Hm Auf- und 650 Hm Abstieg (anspruchsvollere Variante).

Charakter: markiert, bez. 403, Ausdauer und Schönwetter erforderlich, an kurzen Stellen auch Trittsicherheit, kein Trinkwasser vorhanden.

Besonderheiten: Auf dieser im Ersten Weltkrieg heiß umkämpften Kammstrecke reihen und mischen sich herrliche Felsbilder mit sanft hügeligen Erhebungen zwischen der breit am Kamm entfalteten Porze und dem mächtigen Hochweißstein im Abschluss des Frohntales.

Von der Porzehütte steigen wir zum Tilliacher Joch an, einem historischen Übergang in das Val Comelico. Zum dreigipfeligen Bärenbadeck bevorzugt der Steig mehrfach die rechte, sonnige Kammseite. Sie erlaubt den Blick über die Reiterkarspitze bis zur Pyramide des Hochspitz (Abb. I).

Im Abstieg zur Kesselscharte sind kurze Stellen seilversichert (Abb. II). Im Anschluss zur unscheinbaren Erhebung des Stollen schert ein Steig links zum Spitzköfele aus. Wir bleiben auf der sonnenhellen Kammseite bis zur Reiterkarspitze. Dort folgt ein Gefälle zum Winkler Joch (2248 m), ehe die helmartig aufragende Cima Manzon südseitig zur Mooserscharte umgangen wird (kleiner Sumpffleck). Es reiht sich daran der schmale, stark verschartete Gamskofel, wo wir ebenfalls südseitig bis zum Hochspitzjoch gelangen.

Zum Hochspitz (2581 m) führt ein teils erdiger Pfad (Seile) steil empor und etwa 10 Minuten unterhalb des Gipfels vorbei (Abb. III).

Im weiteren Auf und Ab geht es der fast kahlen Steinkarspitze entgegen. (Abb. IV).

Ab der Steinkarspitze bleiben wir in Richtung Torkarspitze auf der Kärntner Seite des Kammes (Abb. rechts). Hinab zum Luggauer Törl (Kleinsee) büßen wir etwa 100 Höhenmeter ein. Zum Hochweißsteinhaus führen zwei Varianten: die leichte Route hinab in den Bereich der Ingridhütte im Frohntal oder die anspruchsvollere, mit geringerem Höhenverlust am Wandsockel der Weißsteinspitze entlang. Etwa 300 Höhenmeter östlich unterhalb des Luggauer Törls die Abzweigung (Tafel) nach rechts beachten! Das wechselvolle Gelände gliedert sich in leicht begehbare Grashänge und staudenbewachsene Kanten mit dazwischen eingelagerten, schmalen Rinnen und breiten Schluchten. Bei Hartschnee ist große Vorsicht geboten.

▶ Von der Steinkarspitze absteigend geht es nördlich der Torkarspitze entlang.

Karnischer Höhenweg, Teil IV

Auf Jahrmillionen alten Steinen wandern

Route: Hochweißsteinhaus, 1867 m – Öfnerjoch, 2011 m, ½ Std. – Val Fleons – Casera Fleons di sotto, 1571 m, 1½ Std. – Giramondopass, 1971 m, 2 Std. – Obere Wolayer Alm, 1709 m, 1¼ Std. – Wolayer Seehütte, 1959 m, 1¼ Std.; insgesamt 6 –7 Std., ca. 800 Hm im Auf- und 700 Hm im Abstieg.
Charakter: markiert, bez. 403, Ausdauer erforderlich, landschaftlich einmalig.

Die Route beginnt mit dem gemächlichen Anstieg zum östlich sanft überhöhten Öfnerjoch (Metallplastik Hirte mit Schaf). Dort steigen wir in das teils von Wald überwogte Val Fleons ab. Wir passieren die frei auf sonnigem Hang gelegene Casera Fleons di sopra (1864 m), ehe weiter talwärts uns ein dichterer Lärchenwald umschließt. In der Folge begleitet uns der Rio di Fleons ein kurzes Stück, dann verstummt sein Rauschen in einem Lärchenhain. Weiter bis zur Casera Fleons di sotto (untere Alm) mit knapp vorspringendem Erker, gepflastertem Vorhof und mehrtürigen Stallungen (Abb. I).
Zurückschauend ist die obere Alm sichtbar, das Öfnerjoch rechts und links der sonnenhelle Monte Peralba. Der nun südöstlich ausgreifende Steig schwingt sich im Baumschatten über kleine Hanggräben und einen mit Talsperren gezähmten Seitenbach. Wir erreichen nach 40 Minuten die Casera Sissans mit quadratisch angeordneten Ställen und höher am Hang eine schmucklose Hochalm mit leise tuschelndem Bächlein. Der Anstieg endet am Sella Sissans (1987 m), einem Rasensattel vor dem Kreuzengipfel (2175 m), der eine wunderschöne Passlandschaft überbaut (Abb. II).
Wir queren die Kreuzen-Südflanke oberhalb des märchenhaften Lago Bordaglia, einem mit den tiefer gelegenen Almen gleichnamigen Bergsee (Abb. III).
Dunkle Latschen und verfallene Gemäuer aus dem Ersten Weltkrieg begleiten uns zum Giramondopass (bis hierher 4 Std.), wo der Abstieg in das Wolayer Tal beginnt.
Zu Füßen der Biegenköpfe erreichen wir im Wechsel von Halde, Wald und Latschen die Obere Wolayer Alm auf einer baumumgrenzten Bergwiese. Ein bequemer, breiter Weg führt dann im Angesicht der mächtigen Seewarte (2995 m) hinauf zum Birnbaumer Törl (1977 m, Abb. rechts). Nur noch wenige Minuten trennen uns von der Wolayer Seehütte am rötlich-braunen Frauenhügel (siehe Abb. I, Seite 50).

▶ Die Wolayer Seewarte, der beherrschende Felsriese über der Oberen Wolayer Alm.

I

II

III

Karnischer Höhenweg, Teil V

Die steinernen Riesen umrunden

Route: Österreichische Variante: Wolayer Seehütte, 1959 m – Valentintörl, 2138 m, ¾ Std. – Untere Valentinalm, 1220 m, 1¾ Std. – Theresienhöhe, 1316 m, 1 Std. – Plöckenhaus, 1215 m, ¼ Std.; insgesamt 3¾–4 Std., 180 Hm im Auf- und 923 Hm im Abstieg.
Italienische Variante: Wolayer Seehütte, 1959 m – Wolayer Pass, 1977 m – Rif. Lambertenghi, 1955 m, ½ Std. – Rif. Marinelli, 2120 m, 2¼ Std. – Plöckenpass, 1360 m, 2 Std.; insgesamt 4½–5 Std., ca. 300 Hm im Auf- und 870 Hm im Abstieg.
Charakter: Österreichische Variante: markiert, leicht, bez. 403. Italienische Variante: markiert, bez. 145, 146, Ausdauer und Trittsicherheit erforderlich.

Österreichische Variante: Auf dem gesteinskundlichen Pfad (Info-Tafeln) steigen wir zum Valentintörl an. Dort beeindrucken die gewaltigen Nordfluchten der Kellerwand und der Kellerwandtürme (2769 m, Abb. I). Der Steig fällt auf artenreichen Kalkrasen im Halden- und Grasgelände gemächlich zur Oberen Valentinalm (1540 m, „Herta-Höhe") ab. In den tieferen Etagen führt er durch ein Naturschutzgebiet, ehe wir unter ausladenden Buchendächern bei der nahen Unteren Valentinalm einkehren. Direkt zum Plöckenpass nützen wir bei der Unteren Valentinalm den südlich ausscherenden Steig. Wir erreichen die Theresienhöhe nahe der Passstraße.
Italienische Variante: Am Westufer des Wolayer Sees überschreiten wir den Wolayer Pass zum südseitig rasch erreichbaren Rif. Lambertenghi (Abb. II). 10 Minuten unterhalb der Hütte führt uns der Sentiero Spinotti in eine Geröllschlucht, wo eine Leiter hilfreich ist. Ein Serpentinensteig erklimmt eine schmale Rasenschneide und lenkt mit abenteuerlichem Routenverlauf und im Wechsel von Fels, Rasen und Geröll auf die Südseite der Hohen Warte (Tafel). Der teilweise versicherte Gipfelanstieg verläuft dort großteils im Schrofenbereich (Steinschlag vermeiden!).
Von der Marinellihütte, dem höchstgelegenen Schutzhaus am Karnischen Kamm (Abb. III), trennen uns von der erwähnten Tafel noch eine Stunde.
Wir steigen weiter zu einem flachen Kleinsee ab. Anschließend überschreiten wir nach geringem Auf und Ab einen Gratausläufer, ehe „La scaletta" (= ital. Stiege) in einem versicherten Felskamin überrascht. Die Schlussstrecke (1 Std.) wechselt vom Steig zum Weg und endet auf einer alten Militärstraße, auf der Titus Julius Perseus Ende des 2. Jahrhunderts schon gegangen sein soll.

▶ Hohe Warte und Kellerwand (links) bieten gegen Norden einen grandiosen Anblick.

Hohe Warte, 2780 m

Ein Bilderbuch der Erdgeschichte

Anfahrt: Birnbaum, 947 m, im Lesachtal – Hubertuskapelle im Wolayer Tal, 1114 m, 6 km, Parkplatz.
Route: Hubertuskapelle, 1114 m – Wolayer Seehütte, 1959 m, 3½ Std. – Hohe Warte Normalweg 3½ Std., ca. 1700 Hm ab Hubertuskapelle; Hohe Warte Nordanstieg ca. 4 Std.; insgesamt 7½ Std., ca. 1700 Hm.
Charakter: Bis zur Wolayer Seehütte markiert, Normalweg markiert, Trittsicherheit erforderlich. Nordanstieg I und II, teils versichert, im großen schneegefüllten Nordkar ist Vorsicht geboten! Alpine Erfahrung und geeignete Ausrüstung erforderlich.

140 Meter vor der westlichen Ortstafel Birnbaum schlängelt sich die Straße in das tief eingekerbte Lesachtal (830 m) hinab und jenseits der Gail hinauf in das Dörfchen Nostra (1038 m). Ein gut beschilderter Naturweg lenkt zur 1916 erbauten Hubertuskapelle (Parkplatz).
Orografisch rechts vom Bach erreichen wir bald das ehemalige Zollhaus und später die Untere Wolayer Alm. Ein geschotterter Kehrenweg führt hinauf zur Oberen Wolayer Alm (1709 m, Abb. Seite 47) und im Angesicht der Wolayer Seewarte über das Birnbaumer Törl zur Wolayer Seehütte am malerischen, 14 Meter tiefen gleichnamigen See (1¼ Std., Abb. I).
Normalweg: Über den Wolayer Pass (1977 m) westlich des Wolayer Sees gelangen wir zum Rif. Lambertenghi (1955 m). Dort 10 Minuten hinab und am Sentiero Spinotti durch eine Geröllschlucht (Leiter), dann in Kehren zu einer Rasenschneide empor, mit letztem Blickkontakt zum Rif. Lambertenghi (Abb. II, Seite 48). Im Wechsel von Fels und Rasen bis zur Tafel südlich der Hohen Warte (siehe Seite 48).
Nordanstieg: Die Hohe Warte überragt mit der breiten Nordostwand das Valentintörl (2138 m, ½ Std.). Bereits sichtbar ist das meist schneegefüllte Wandkar, das von links nach rechts gequert werden muss (Abb. rechts).
Wir folgen den Steigspuren zur großen Schutthalde und zum Einstieg des Koban-Brunner-Klettersteiges. Mittelsteile Plattenschüsse (einzelne Haken) prägen den unteren Wandteil (Abb. II).
In der Folge steiler und auf lockeres Gestein achtend, hinauf zum großen Wandkar (bei Hartschnee Vorsicht!). An dessen Westrand steigen wir auf teils versicherten Felsen empor zum Nordwestgrat (Abb. III) und schließlich zum Gipfel mit Kreuz und weithin hörbarer Glocke. Der Abstieg am Normalweg verläuft markiert auf der Südseite des Berges (2½–3 Std.).

▶ Die Hohe Warte vom nordöstlich gelegenen Valentintörl.

Col Quaterna, 2503 m

Zu Gast im Sextener Almenparadies

I

Route: Moos, 1339 m (2 km südöstlich von Sexten) – Klammbachalm, 1944 m, 1¾–2 Std. – Knieberg (Col Quaterna), 2½ Std.; insgesamt 4½ Std., 1164 Hm Aufstieg. Alternativ: Von Moos zur Nemesalpe (für Kfz gesperrt), 2 Std.

Charakter: markiert, leicht, bez. 13, 146.

Besonderheiten: Der wie ein Vulkan aufragende Col Quaterna bildete im Ersten Weltkrieg den Angelpunkt der italienischen Front zwischen dem Kreuzbergpass und den Karnischen Alpen. Dementsprechend intensiv erfolgte der Ausbau der dortigen Stellungen mit Kavernen, Geschützstellungen, Maschinengewehren, Minenwerfern u. a. Der Col Quaterna wurde mit Stollen und Gängen regelrecht unterhöhlt. Bedingt durch das brüchige Gestein sind alle Anlagen längst eingestürzt.

II

Wir beginnen in Moos, einem Ortsteil von Sexten, zu Füßen hochragender Dolomitengipfel. Ein bezeichneter Weg führt gleichmäßig steigend zu einem beachtlich hohen Feldkreuz (1756 m, 1 Std.). Dort links bergan, durch Wald und über Lichtungen zur Klammbachalm auf blumigen Matten (¾–1 Std., Abb. I).

Zur Nemesalpe halten wir uns beim erwähnten Feldkreuz rechts und schreiten entlang eines schmalen Bachbettes den langgezogenen Almboden der Seikofel-Nemesalpe aus. Sie grenzt an ein Naturschutzgebiet mit sumpfigen Biotopen und artenreicher Flora. Bereits nah ist die Nemesalpe mit dem dahinter pyramidal aufragenden Knieberg (Abb. II).

Aus der sommerlichen Betriebsamkeit der Nemesalpe führt ein Wirtschaftsweg links des Grenzbaches zu einer blechgedeckten Hirtenhütte im Talschluss (2022 m, Abb. III).

Vom höher gelegenen Passo Silvella (2329 m, 1¾–2 Std., Bank, Tisch) gelangen wir auf die Ostseite des Knieberges. Dort führt ein schotteriger, mäßig steiler Steig zur Sella del Quaterna (Sattel, Abb. rechts), wo eine kleine Madonna und höher oben am Gipfel ein eisernes Kreuz wachen (¾ Std.).

Ergänzend sei angefügt, dass der geschichtsträchtige Gipfel seiner Aussicht wegen ein beliebtes Ziel auch für Gäste der Obstanser Seehütte ist. Vom Passo Silvella verbindet ein alter Kriegsweg in einer empfehlenswerten, etwa eineinhalbstündigen Wanderung über die Cima Frugnoni am Karnischen Kamm zur Obstanser Seehütte auf österreichischer Seite.

III

▶ Der Col Quaterna, das Ziel unserer Wanderung, wird am südlichen Horizont von der Sextener Rotwand überragt.

Torkarspitze, 2513 m

Monte Pietra Bianca – der weiße Fels

Anfahrt: St. Lorenzen (Wiesen), 1035 m – Frohnalm, 1651 m, Parkplatz.
Route: Frohnalm – Hochweißsteinhaus, 1867 m, ¾–1 Std. – Torkarspitze, 2513 m, 3 Std., Abstieg über Luggauer Sattel, 2404 m, zum Luggauer Törl, 2232 m, 1¼ Std. Zurück in das Frohntal 1¼ Std.; insgesamt 6½ Std., ca. 1000 Hm Aufstieg.
Charakter: markiert, bez. 403, Bergerfahrung und schneefreie Jahreszeit vorteilhaft. Ein direkter Anstieg von der Frohnalm verkürzt die Tour um 1 Std.

Nordwestlich des Hochweißsteinhauses sind die Torkarspitze und zur Rechten das Luggauer Törl sichtbar (Abb. I).
Dorthin wählen wir die Route 403, die anspruchsvoll am Sockel der steilen Weißsteinwand entlang und bergan führt. Sind Lawinenreste hart gefroren, dann ist in Rinnen und breit ausmündenden Schluchten große Vorsicht geboten. Wir queren Hangkanten, Rasen und Strauchgelände sowie blühfreudige Bergmatten bis zum Hinweis „Zur Torkarspitze ca. ½ Std." vor dem Luggauer Törl (1¼ Std.).
Zur Torkarspitze schlängelt sich der Steig am Nordosthang aufwärts und an fragilen Felsfingern vorbei. Möglicherweise hat sie der Kanonendonner im Ersten Weltkrieg so zerrüttet, der die Berge in diesem Gebiet besonders stark erbeben ließ (Abb. II).
Wir erreichen ein schmales Schartl, wo der sich fortsetzende Serpentinensteig eine hohe Rasenflanke durchschneidet und am Rasen-Fels-Kamm südlich der Torkarspitze endet (1½ Std., Abb. III).

Der durchwachsene, teils abgewitterte, rötlich gefärbte Fels (Tentakulitenkalk) ist im Schlussanstieg zum Gipfel (25 Min.) locker und bröselig, doch technisch unschwierig. Das kleine Gipfelkreuz steht zwischen Resten ehemaliger Kriegsstellungen. In den schneereichen Kriegswintern 1915/1917 war der Gipfel nur über lange, äußerst ausgesetzte Strickleitern erreichbar.
Der Abstieg führt zurück zum erwähnten Rasen-Fels-Kamm, auf dessen Südseite ein Steig, bez. 172, zum Luggauer Sattel führt (½ Std.). Dort überschreiten wir westlich der Torkarspitze den Karnischen Kamm, der stellenweise bis in den Sommer schneebedeckt sein kann (Abb. rechts).
Zwischen aschgrauen Bergsturztrümmern steigen wir zu Füßen der Weißen Lungern und bei mittlerem Gefälle zum Luggauer Törl ab (½ Std.). In einem seichten Passtümpel spiegeln sich felsgraue Gipfel am Karnischen Kamm.

▸ Die Torkarspitze am hier noch schneebedeckten Karnischen Kamm.

Hochweißstein, 2694 m

Monte Peralba – der weiße Berg

Anfahrt: St. Lorenzen (Ortsteil Wiesen), 1035 m – Ingridhütte im Frohntal, 1651 m, Parkplatz, Schranken.
Route: Ingridhütte, 1651 m – Hochweißsteinhaus, 1867 m, ¾–1 Std. – Hochweißstein, 2¾–3 Std.; insgesamt 3½–4 Std., 1060 Hm Aufstieg.
Charakter: markiert, Trittsicherheit erforderlich, sehr lohnend. Sehr selten wird man den Gipfel für sich allein haben. Viele italienische Besucher, oft ganze Familien, ersteigen ihn vom Rif. Sorgenti di Piave (1939 m) über den breit gerundeten Westrücken. Eine relativ kurze und nur mäßig schwierige Klettersteigroute führt vom Rif. Calvi (2164 m) über die Südseite auf den Hochweißstein bzw. Monte Peralba. Erwähnt sei, dass das Hochweißsteinhaus im Jahr 2009 umfassend saniert, zeitgemäß erweitert und rundum verschönert wurde.

I

II

III

Bei der bemerkenswerten Radegunderbrücke (Baujahr 1961–1964) 1 km westlich von St. Lorenzen führt die Straße hinab zur Gail und beschildert weiter in das Frohntal. Ein Schranken hält die Frohnalmwiesen um die Ingridhütte autofrei.
Der von Grünerlen flankierte Steig windet sich zur Johanniseben auf der nächsthöheren Hangstufe und anschließend zum Hochweißsteinhaus im Bannkreis hochwandiger Bergriesen am Karnischen Kamm. Weit draußen in der Talsohle grüßt die stilvolle gotische Pfarrkirche in St. Lorenzen.
Zum Hochweißstein (Mt. Peralba) steigen wir am üppig bewachsenen Berghang südwestlich an. Auf einem ehemaligen Frontsteig passieren wir abgebröckelte Fundamente einstiger Stellungen, ehe wir unter einer Felswand entlang zum Hochalpljoch (2280 m) gelangen (Abb. I). Dort überschreiten wir die Staatsgrenze. Verwaiste Kavernen am Hochalpl (2384 m) halten die Erinnerung an die Schrecken des Ersten Weltkrieges wach (Abb. II).
Ein durchsteinter, erdiger Steig windet sich in Kehren am Rasenhang empor. Bedachtsame Schritte fordert der felsige Vorbau und gleichermaßen ist auf loses Gestein zu achten. Wir betreten das nordöstlich mittelsteil abfallende Wandkar. Dort verläuft die geradlinig emporführende Route auf eine Gratkerbe zu (Fixseil, gelegentlich Schnee, Abb. III).
Der abschließende, mehrheitlich links gangbare Gipfelgrat (Gedenktafel, Stollen) führt zum kleinen Kreuz mit Buch und Madonna, auf den im Ersten Weltkrieg heftig umkämpften Gipfel.

▶ Der Hochweißstein oder Monte Peralba ist ein vom Karnischen Kamm etwas südlich abgerückter, allseitig formschöner Berg. Ein unschwieriger Anstieg ist auch aus dem italienischen Val di Sesis möglich.

Gailtaler Alpen und Kreuzeckgruppe

Im Anschluss an die Lienzer Dolomiten strecken sich die Gailtaler Alpen bis zur Windischen Höhe westlich von Villach. Aus diesem Bereich werden der Reißkofel sowie der Spitz- und Vellacher Egel in diesem Buch vorgestellt.

Die Kreuzeckgruppe zählt zu den Östlichen Hohen Tauern. Im Süden und Osten begrenzt das Obere Drautal, im Norden das Mölltal, im Westen der Iselsbergpass die Kreuzeckgruppe. Der von Ost nach West verlaufende Hauptkamm entsendet einige schneidige, mehrgipfelige Gratzüge nach Norden und Süden. Gipfel und Grate gehören dem Urgesteinsgürtel an, mit Hauptbestandteilen aus Gneis, Quarz, Glimmer, verschiedenen Schiefern, minimal Kalk und Granit. Bis auf eine Höhe von 2500 Metern ist das Bergland mit Gras und Rasenbänken bedeckt. So vermittelt dieses Gebiet einen sanften Eindruck, den Almen und Bergseen noch verstärken.

Ein von Lainach im Mölltal emporführender Forstweg (Schranken) endet bei der Lorenzalm. Daran schließt ein Steig zum herrlichen Gippersee an.

Hütteninformationen

E. T. Compton-Hütte, 1585 m
OeAV-Sektion Austria
Geöffnet von Anfang Juni bis Ende September
20 Schlafplätze
Tel. 0676/9218 118
E-Mail: maria.taurer@arcor.de

Reißkofelbiwak, 1799 m
Notunterkunft, 4 Schlafplätze

Anna-Schutzhaus, 1991 m
ÖTK Dölsach
Geöffnet von Anfang Juni bis 20. Oktober
20 Betten, 11 Lager
Tel. 0664/421 1895

Feldner Hütte, 2182 m
OeAV-Sektion Steinnelke
Geöffnet vom 1. Juli bis 20. September
36 Schlafplätze, Winterraum mit 6 Schlafplätzen
Tel. 0049/1717 4242 399

Hugo-Gerbers-Hütte, 2347 m
OeAV-Sektion Österreichischer Gebirgsverein
Geöffnet vom 20. Juni bis 20. September
30 Schlafplätze
Tel. 0664/595 47 40
www.hugo.gerbers.at

Salzkofelhütte, 1987 m
OeAV-Sektion Steinnelke
Geöffnet 21. Juni bis 18. September
Tel. Hütte 0664/1615 602
E-Mail: office@aggug.at

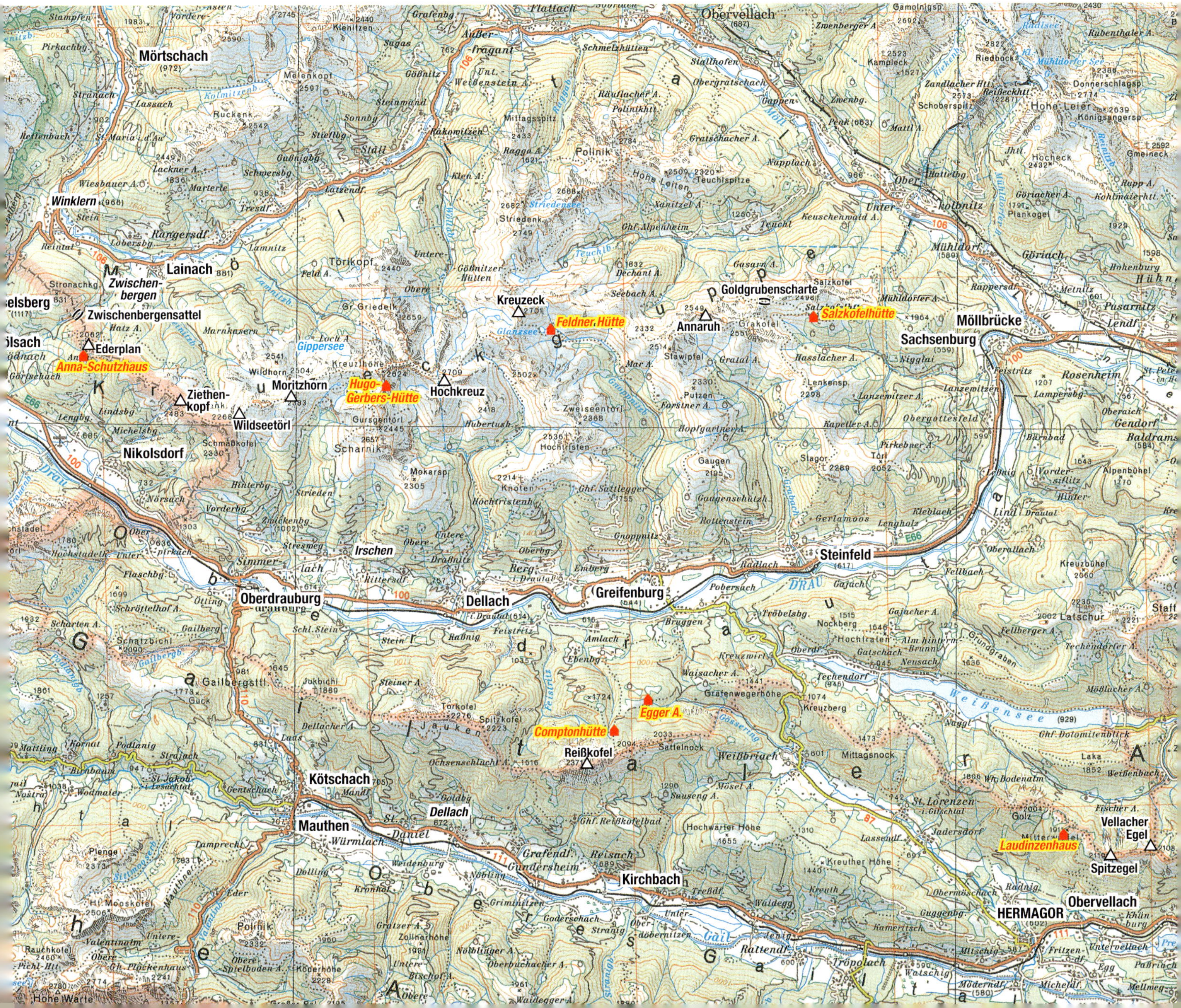

I

II

III

Reißkofel, 2371 m

Paul Grohmann nannte ihn Bergtitan

Anfahrt: Markt Greifenburg, 647 m – Pfarreben, 1141 m.
Route: Pfarreben, 1141 m – Comptonhütte, 1585 m, 1½ Std. – Reißkofel, 2371 m, 2¾ Std.; insgesamt 4¼ Std., 1230 Hm Aufstieg.
Charakter: markiert, bez. 12, 239, Trittsicherheit erforderlich.
Besonderheiten: Der von ungeheuren Kräften emporgewuchtete Reißkofel beherrscht das Drautal im Norden und das Gailtal im Süden. Der gewaltige Felsklotz erhebt über gleichmütig verebbenden Almen zu beiden Seiten seine mächtigen Felsflanken. Charakteristisch ist der lange, schmale Gipfelgrat, abweisend auf den ersten Blick und lockend zugleich. Der Reißkofel wurde 1848 durch Johann Festin (Walden Hans) aus Reisach erstmals erstiegen. Der Kleine Reißkofel (2158 m) östlich vom Köfeletörl ist teils seilversichert. Das Kreuz mit der Inschrift „Das Leben ist schön" kann in 20 Min. erreicht werden.

Im Ortsteil Bruggen, südlich von Greifenburg, biegen wir nach der Draubrücke rechts ab und beachten nach 80 Metern den Hinweis zur Comptonhütte. Nach 4,3 Kilometern wählen wir im hochstämmigen, graubärtigen Fichtenwald den linken Straßenast nach Pfarreben mit einer Jagdhütte auf großflächig umzäunter Bergwiese.

Im Revier von Rot- und Niederwild führt ein Forstweg zur Egger Alm (1400 m) und weiter zur Comptonhütte. Diese Hütte mit der Gedenkstätte für Bergwachtvorstand Adolf Fick (gest. 1992), zu Füßen des mächtigsten Felsbergs der Gailtaler Alpen, wurde nach dem berühmten britischen Alpenmaler Eduard Theodore Compton (1849–1921) benannt (Abb. I).

Zum Reißkofel führt der Padiaursteig zwischen Lärchen, Latschen und Hangblöcken ziemlich steil empor. Eine kurze Felsquerung (Gedenktafel) ist seilversichert, ehe wir später in der Streuung einer Schotterrinne und auf versandeten Felsplatten zum Köfeletörl (2128 m, 1¼ Std.) ansteigen. Dort ist der weitere Routenverlauf auf rasenbedecktem Terrain, in Schuttrinnen und auf einer schmalen Geröllhalde hinauf in die Gratlücke überschaubar (¾ Std., Abb. II).

Daran schließt der ca. 600 Meter lange, teils luftige Ostgrat (Abb. III) mit gewachsenem Fels, einer Gratkerbe und mehreren Schärtchen bis hin zum Gipfelkreuz an (¾ Std.).

Das 1975 aufgestellte Kreuz stammt vom Schmiedemeister Georg Thurner aus Gundersheim.

Für Geübte empfiehlt sich die vom Reißkofelbiwak (1799 m) ansetzende West-Ost-Überschreitung des Reißkofels.

▶ Hoch über den Lärchenwipfeln entblößt der Reißkofel seine zerklüftete, felsgraue Nordwand.

I

II

III

Spitzegel, 2119 m, und Vellacher Egel, 2108 m

Bausteine aus Muschelkalk

Route: Obervellach, 603 m, im Unteren Gailtal – Laudinzenhaus, 1676 m, 3–3½ Std. – Spitzegel, 1½ Std.; insgesamt 4½–5 Std., 1540 Hm Aufstieg. Überschreitung zum Vellacher Egel, 1¼ Std., für Geübte empfehlenswert.
Charakter: markiert, bez. 248, Trittsicherheit im Gipfelbereich erforderlich.
Besonderheiten: Die turmartigen Gipfelaufbauten der Spitzegelgruppe beherrschen das Untere Gailtal. Die Benennung „Egel" leitet sich vom französischen Wort „Aiguille" für Nadel oder Stachel ab.

In Obervellach zweigt bergseitig beim Haus Nr. 10 ein Waldsteig in Richtung Laudinzenhaus ab. Dicht ist der Waldboden mit reich gefiederten Farnen bedeckt und bis zur Sommermitte mit karminrot blühenden Wildcyclamen belebt. Üppig ist auch das Vorkommen der Schnee- oder Christrosen, deren goldgelbe Staubblätter den Zauber der porzellanartig wirkenden, grünlich-weißen Blüten erhöhen. Steig und Forstwege wechseln, und schon hoch im Bereich der felsgepanzerten „Schneeriese" sollte ein Weggefälle nicht irritieren. Wieder am Steig passieren wir die Vordere Obervellacher Alm und eine Jagdhütte (1534 m) mit grünen Fensterläden und mausgrauem Gebälk. Anschließend geht es erneut auf einem Forstweg bis zum Laudinzenhaus mit Almkreuz (Abb. I).

Zum Spitzegel steigen wir anfänglich im durchsonnten Lärchenwald und auf kupierten Lichtungen an (Abb. II).

Entlang latschenbedeckter Hügel nähern wir uns dem Felsansatz des Gipfelkörpers (Abb. III) und einer gut gestuften, schräg geschichteten Felsrinne, über die der Grat in zehn Minuten erreicht wird (Gedenktafel). Dann trennen nur noch 60 Meter im etwas steileren Schutt- und Felsgelände vom Gipfelkreuz (Buch).

Erweitern wir die großartige Tour bis zum Vellacher Egel (2108 m), dann wird die Kriebhöhe (2065 m) auf markiertem Pfad südseitig im Fels-Rasen-Gelände umgangen. Vom Vellacher Egel führt ein Abstieg hinab zum Vellacher Sattel (¾ Std.) und weiter nach Untervellach (2 Std.).

Für Geübte ist auch die Überschreitung der Kriebhöhe mit teils überaus schmalen Gratpassagen möglich.

▸ Vom Gipfel des Spitzegel mutet die gleichnamige Gruppe mit Kriebhöhe und Vellacher Egel wie ein Gemälde an.

Kreuzeck-Höhenweg, Teil I

Auftakt am Ziethenkamm

Anfahrt: Iselsberg/Stronach, 1105 m – Zwischenbergensattel, 1641 m, 4 km, Parkplatz (Maut). Oder Markt Winklern, 966 m – Weiler Zwischenbergen, 1320 m, 4 km – Zwischenbergensattel, ½ Std.

Route: Zwischenbergensattel, 1641 m – Anna-Schutzhaus, 1991 m, 1¼ Std. – Wildseetörl, 2267 m, 3¼ Std. – Hugo-Gerbers-Hütte, 2347 m, 2½–3 Std.; insgesamt ab Parkplatz 7–8 Std., 880 Hm Auf- und 500 Hm Abstieg.

Charakter: markiert, stellenweise Trittsicherheit erforderlich, Trinkwasser mitnehmen. Eine Bergtour, die Vergnügen und Freude an der Natur vermittelt und auch etwas Sportliches in sich birgt.

Das Naturdenkmal Zwischenbergenlacke am gleichnamigen Sattel umfasst mit 8000 Quadratmetern eine kleine Passlandschaft mit besonderen Pflanzen und Tieren. Wenige Minuten westlich davon führt der Eder-Almweg im Wald und über eine Lichtung hinauf zum Anna-Schutzhaus des Österreichischen Touristenklubs Sektion Dölsach (Abb. I).
Zehn Minuten oberhalb erinnert das Heimkehrerkreuz am Ederplan (2061 m) an die in beiden Weltkriegen Gefallenen von Iselsberg/Stronach. Wir setzen dort die Wanderung in östlicher Richtung fort und nähern uns dem Ziethenkamm, dessen erste Erhebung, der Loneskopf (2248 m, Kreuz, Buch), südseitig umgangen wird. Wir kommen am dürftigen Wernischbründl vorbei und betreten den Ziethenkamm erst beim Lindsberger Törl (2294 m, 1 Std., Abb. II). Bald darauf wechselt der Steig auf die Nordseite des Kammes und quert im leichten Auf und Ab kurze Hangfelsen. Zum Ziethenkopf (2484 m) mit dem Kreuz der Nikolsdorfer Landjugend steigen wir 90 Höhenmeter an (1¼ Std.). Auf durchsteintem Rasen erreichen wir das tiefer gelegene Damer Törl (2318 m) und queren den Damerkopf nordseitig, ehe wir am felsdurchbauten Kamm das Wildseetörl (Abb. rechts) mit Kruzifix, Rastbänken und hochstelziger E-Leitung erreichen.
Wo geballte, weiße Wolken entlang der Gipfel tänzeln, genießen wir auf deren Südseite die Strecke zum Ochsenalmtörl (2456 m), knapp unterhalb des Moritzhorns. Das Klingentörl (2382 m) erlaubt den Blick auf den Gippersee nordseits des Kammes (Abb. Seite 58). Streckenweise verlangt der Flankenpfad Aufmerksamkeit, verbietet jedoch nicht den Blick zum Lorenzenkopf (Abb. III) und zum Moritzhorn, das als naher Bekannter dieser Tagesetappe zur Hugo-Gerbers-Hütte grüßt (Abb. IV).

▶ Das Wildseetörl mit Wildsee gilt auch als Etappenziel der sechsstündigen Ziethenkamm-Rundwanderung.

I

II

III

Kreuzeck-Höhenweg, Teil II

Die Gipfelmitte kennenlernen

Route: Hugo-Gerbers-Hütte, 2347 m – Hochkreuz, 2709 m, 2¾–3 Std. – Feldner Hütte, 2182 m, 2¾–3 Std.; insgesamt 5½–6 Std., ca. 700 Hm Auf- und Abstieg.
Charakter: markiert, teilweise schmaler Flankensteig, schneefreie Jahreszeit wichtig.
Besonderheiten: In der Kreuzeckgruppe fühlt sich auch der Individualist wohl. Dort findet er Einsamkeit abseits der Touristenströme. Eine Landschaft, geprägt von Bergen und Seen, herrliche Natur auf hartem, kargen Boden.

Wir verlassen die Hugo-Gerbers-Hütte in östlicher Richtung und beachten die Abzweigung zur Kreuzlscharte (2471 m, ½ Std., Kosakenkreuz) zur Linken der Kreuzlhöhe (2624 m).

Auf deren Schattseite gelangen wir zu einem nahen, nordwärts ausgreifenden Grat, mit der stummen Aufforderung, der Bergszenerie der Hohen und Niederen Tauern gebührend Beachtung zu schenken. In weiterer Folge wechseln wir die Kammseite und verhalten uns bei heiklen Steigpassagen südseitig der Schwarzwände sehr vorsichtig. Anschließend überschreiten wir den Schwarzwandkopf (2683 m) und – zunehmend blockiger – das Hochkreuz (Kreuz, Buch), einen oft besuchten Gipfel, im zentralen Gebietsraum. Auf Gletscherschliff und Geröll steigen wir nordöstlich in das breite Kirschentörl (2450 m) ab. Wenig später nähern wir uns den ruheverwöhnten Kleinseen auf der nördlichen Klammseite (Abb. I).

Der Etappe schönster Teil erwartet uns bei den Vierzehn Seen (Abb. rechts).

Nur ungern trennen wir uns von diesem zur Rast einladenden Ort und folgen dem Kammsteig weiter. Im Bereich des Kleinen Hochkreuz (2565 m) wartet er mit seilversicherten Passagen und einem engen Felsspalt auf (Abb. II).

Weiter bis zum Glenktörl (2457 m) und hinab zur Feldner Hütte (2182 m) am tiefgründigen Glanzsee (Abb. III), wirken die schönen Stunden in der Gipfelmitte der Kreuzeckgruppe noch lange nach.

Diese Tour kann vom Glenktörl auf das Kreuzeck (2701 m) ausgedehnt werden. Der Anstieg am Südwestgrat ist unschwierig (¾ Std.). Die bemerkenswerte Aussicht bereichern die dem Berg westlich zu Füßen gelegenen Feldseen der Staller Wölla.

▶ Die verschieden großen, glanzvollen Bergseeaugen der Vierzehn Seen sind Relikte aus Zeiten einstiger Vergletscherung.

Kreuzeck-Höhenweg, Teil III

Auf Gold- und Salzpfaden von West nach Ost

Route: Feldner Hütte, 2182 m – Annaruhe, 2508 m, 2½ Std. – Salzkofelhütte, 1987 m, 3–3½ Std.; insgesamt 5½–6 Std., 500 Hm Auf- und 700 Hm Abstieg. Abstieg am Sachsenweg nach Möllbrücke, 559 m, 4½ Std., 1430 Hm Abstieg. Gesamtgehzeit für alle drei Etappen: 23–25 Std.
Charakter: markiert, stellenweise Trittsicherheit erforderlich. Ruhige und unberührte Bergwinkel.

Am Heinrich-Hecht-Weg verlassen wir die Feldner Hütte auf ostwärts, zum Seebach neigenden Hängen (¼ Std., Abb. I).
Gegenüber gelangen wir zur Bratleitenalmhütte (2157 m) mit herrlichem Quellwasser. Mit dünnen Wasseradern gesegnet sind auch die zu querenden Grashänge der Bratleiten, ehe auf einer leicht überhöhten Hangschulter ein Steig zum Gaugen-Schutzhaus abzweigt. Wir schreiten hoch über dem matt glänzenden Bödensee ostwärts und steigen zum Nassfeldtörl (2332 m) auf, wo rechter Hand der Anstieg zur Annaruhe (2508 m), der Scheitelstelle unserer Tagesetappe, erfolgt.
Interessant ist die kurze Kammstrecke über die Löcherwände, mit anschließend 100 Höhenmeter Abstieg. Im weiteren Verlauf kommen wir an der Grabacher-Hirtenhütte vorbei und bleiben im Kar- und Haldenbereich hoch auffahrender Felsflanken. Dort verbirgt sich, schmal eingekerbt, die Goldgrubenscharte (2448 m, 1½–2 Std.). Wir verlassen die erzhaltige Scharte auf einem abschüssigen Pfad (Vorsicht!). Zwischen Kleinem Kreuzeck und Geyerspitz schließt sich ein Abstieg über acht Kehren an. Dann taucht der Steig in die sonnigen Hänge des obersten Nigglaitales ein (Abb. rechts) und mündet mit geringer Gegensteigung bei der Salzkofelhütte aus (1½ Std., Abb. II). Den Talschluss beherrscht die zuvor überschrittene Bergszenerie.
Das Finale erfolgt am Sachsenweg. Er streckt sich von der Salzkofelhütte ostwärts und passiert im Bereich des Knotens (1839 m, 1¾ Std.) Almhütten und Stadel auf herrlichen Bergwiesen (Abb. III).
Prägten die Landschaften bisher lichter Lärchenwald und ein vielfach mit Erika gesäumter Steig (Abb. IV), so geht es nun im Wald spürbar steiler bergab und an der verwaisten Herrachalm (1572 m) vorbei.
Wir nähern uns wieder bewohntem Gebiet: dem Jacklbauern, später der Buschenschank Niggl (2 Std.). Dort trennen noch ¾ Stunden von Möllbrücke und dem nahen Bahnhof.

▶ Die sonnigen Hänge des obersten Nigglaitales, im Hintergrund Kleines Kreuzeck und Geyerspitz (rechts). Vereinzelt erinnern befestigte Wegteile an den einstigen Bergbau.

Sadnig- (Goldberg-) und Glocknergruppe

Mit der ersten Ersteigung des Großglockners am 28. 7. 1800 begann die schrittweise Erschließung dieser Berggruppe. Die Grenzen der immer noch stark vergletscherten Glocknergruppe – sie zählt vierzig selbstständige Gletscher – verlaufen vom Kalser Tauern südlich durch das Dorfer Tal bis in das Glocknerdorf Kals. Das Ködnitz- und Leitertal bilden die Südgrenze bis Heiligenblut. Im Osten liegen die Grenzsteine am Hochtor und im Seidlwinkeltal, während der Kammfuß der Eisberge im Norden bis in das Salzachtal reicht. Der Großglockner, mit seiner aus Grünstein und Chloritschiefer gefestigten, herrlichen Architektur, gilt als stolzer König im Nationalpark Hohe Tauern.

Die Großglockner-Hochalpenstraße ist von Anfang Mai bis November geöffnet (Nachtsperre von 22:00 bis 5:00 Uhr; in der Vor- und Nachsaison von 20:30 Uhr bis 6:00 Uhr). Nach acht Kilometern gabelt sie sich beim alten Mauthaus Guttal. Die 8,7 Kilometer lange Gletscherstraße führt zur Franz-Josefs-Höhe. Die Goldberggruppe wird in diesem Buch nur am westlichen Saum berührt: Sie verzahnt im Süden mit der Sadniggruppe.

Hütteninformationen

Almgasthaus Petersbrünnl, 1875 m
Geöffnet vom 1. Mai bis Ende Oktober
12 Schlafplätze, Tel. Hütte 04825/6172

Sadnighaus, 1880 m
OeAV-Sektion Großkirchheim
Geöffnet Anfang Mai bis Ende Oktober und von Mitte Dezember bis Ostern
30 Betten, 10 Lager, zwei 4-Bett-Zimmer, behindertengerecht
Tel. 04825/200 50

Glocknerhaus siehe Seite 107

Karl-Volkert-Haus, 2150 m
Geöffnet Mai bis Oktober
Tel. 04824/2518

Oberwalderhütte, 2972 m
OeAV-Sektion Austria
Geöffnet von Ende Mai bis Ende September
130 Schlafplätze
Tel. 04824/2546 oder 06542/47000

Glorer Hütte siehe Seite 107

Lucknerhaus, 1918 m
Geöffnet vom 1. Mai bis 26. Oktober und Weihnachten sowie vom 2. Feber bis zum 1. Mai
Alpengasthof, 39 Betten, 21 Lager
Tel. 04876/8555
www.lucknerhaus.at

Lucknerhütte, 2241 m
Geöffnet Anfang Juni bis Mitte Oktober
11 Betten, 32 Lager
Tel. 04876/8221 oder 8455
www.lucknerhuette.at

Salmhütte siehe Seite 107

Stüdlhütte, 2802 m
DAV-Sektion Oberland
Geöffnet Anfang März bis Mitte Mai und Mitte Juni bis Anfang Oktober
106 Lager, Kletterwand, Winterraum
Tel. 04876/8209 oder 8270
www.stuedlhuette.at

Der Großglockner mit dem Kärntner Antlitz über gläsernen Gletscherterrassen. Nur den Breitkopf (3154 m) hat der Wind vom Schnee entblößt.

Stellkopf, 2852 m

Sommer und Winter im Astental

Anfahrt: Nationalpark-Gemeinde Mörtschach, 970 m – Astental, Sadnighaus, 1880 m, 9 km, Parkplatz.
Route: Sadnighaus, 1880 m – Stellkopf, 3 Std., ca. 1000 Hm Aufstieg.
Charakter: Naturkundliche Wanderung auf Almen im Astental und oberem Mölltal, unschwierig. Herrliche Sommer- und Winterlandschaft mit vielfältiger Flora und Fauna.
Besonderheiten: Das Astental ist eines der östlichen Seitentäler des oberen Mölltals. Erst seit 1966 führt eine fahrtaugliche Straße dorthin. In den zehn Wohnhäusern des Bergbauerndorfes Asten leben derzeit ganzjährig 22 Personen. Von besonderem Erlebniswert ist der Naturlehrweg Astner Moos. Außerhalb des besiedelten Areals hat sich das vielfältige Leben der Natur erhalten. Mit etwas Glück ist ein Rudel Steinböcke zu sehen, junge Böcke und ältere Tiere mit großen, machtvoll gegen den Rücken gekrümmten Hörnern. Die um 1950 in den Ostalpen nahezu ausgerotteten Steinböcke überlebten im Königlichen Naturschutzgebiet des Gran Paradiso und wurden um 1960 im heutigen Nationalpark Hohe Tauern wieder angesiedelt, wo derzeit mehr als 1000 Tiere sich dem harten Leben der Hochalpen vollkommen angepasst haben. Diese Lebensart beherrschen auch die Gämsen, die in unterschiedlich großen Rudeln in der Felsenwelt des Astentales ihre Reviere haben.

Vom Parkplatz beim Sadnighaus und Berggasthaus Petersbrünnl verbindet ein Steig zum Naturlehrweg, der das Astner Moos, ein Niedermoor, seitlich begrenzt (Abb. I). Der Astner Bach und mehrere kalkhältige Hangquellen speisen diesen Bereich des Hochtals, worüber ein Naturführer Auskunft erteilt. Am nordöstlichen Endpunkt (½ Std.) wandern wir von der Bartleralm zur etwas höher am Berghang sichtbaren Kröllalm (2145 m, Abb. I und II).
Dort steigen wir dem Bach zur Seite nördlich bergan und an einem am Felsen haltsuchenden Stall vorbei. Dagegen hat sich die Almhütte am Ruden (2468 m, 1½ Std.) auf einer felsumbauten Hangkanzel freie Sicht zum Hohen Sadnig bewahrt (Abb. III).
Auffällig sind auf den höher gelegenen Weidehängen kuppelartige Rasenhöcker und eine vom Eisenhut belebte Hangmulde. Über mittelsteile Geländestufen erreichen wir das Butzentörl (2714 m, 1 Std.) und abschließend auf dem breiten, von Steinmännern bewachten Kamm den Gipfel mit dem gegen Tauernwinde gut verankerten Kreuz. Im Winter ist der Stellkopf ein beliebtes Skitourenziel.

▶ Am Gipfel des Stellkopfes. Außerhalb des Astner Bergkranzes grüßt der Großglockner.

Panoramaweg Zirknitztäler

Auf den Spuren uralter Bergbaupfade

Anfahrt: Nationalpark-Gemeinde Großkirchheim (Döllach), 1013 m – Großes Zirknitztal, 1800 m: ca. 8 km, Parkplatz.
Route: Parkplatz Großes Zirknitztal, 1800 m – Zahltisch, 2114 m, 1½ Std. – Eckhütte, 2263 m, 1¼ Std. – Kegelesee, 2151 m, ½ Std., Rückweg zur Färberkaser, 2036 m, und zum Parkplatz im Großen Zirknitztal, 1¾–2 Std.; insgesamt 5 Std., 463 Hm Aufstieg.
Charakter: markierte Wege, unschwierig, landschaftlich von schlichter Schönheit.
Besonderheiten: Eine alte „Bergordnung" gibt Einblick in das Leben der Bergknappen, das äußerst karg gewesen ist und nur wenigen ein hohes Alter bescherte. Die für schwerste Arbeit dürftige Entlohnung erfolgte in Geld und auch in Naturalien. Etwas bevorzugter behandelt wurden Knappen, deren Erzgruben in über 3000 Meter Seehöhe lagen. Bis Mitte des 16. Jahrhunderts erfolgte die Entlohnung beim „Zahltisch" oder „Zahlstein" in der Großen Zirknitz, wohin unsere Wanderung führt.

Nahe dem Kirchplatz in Döllach schwingt sich die acht Kilometer lange, asphaltierte Bergstraße hinauf in das bis weit ins Talinnere besiedelte Zirknitztal. Die nagende Kraft des Wassers hat das gegen Döllach ausmündende Tal schmal und tief eingeschnitten (Abb. I).

Beim Zusammenfluss von Kleinem und Großem Zirknitzbach lenken wir links, nördlich, zum Parkplatz im urigen Großen Zirknitztal.

Wo die Höhe den knorrigen Lärchen und Zirben den Lebensraum bereits verweigert, haben Bergstürze das Tal mit Gesteinsbrocken übersät (Abb. II).

Bei einem Sonne und Wind auffangenden dreikantigen Riesenblock befand sich der Legende nach der Zahltisch der Bergknappen (Abb. III).

Er ist unser Rast- und der Wendeplatz, ehe wir den Eckberg auf seiner sonnseitigen Flanke halb umrunden. Die Herz und Gemüt erfrischende Wanderung führt zur Eckhütte, wo der Sandfeldkopf (links) und der Stellkopf (2851 m) die sanft geneigte Eckalm hart begrenzen (Abb. rechts).

Zum Eckberg (2871 m, 1½ Std., markiert) mit seinem blockigen, seilversicherten Gipfelbereich (Kreuz, Buch) zieht es den trittsicheren Bergsteiger.

Den Kegelesee im Kleinen Zirknitztal wählt der beschauliche Wanderer als Ziel. Von dort geht es durch eine parkähnliche Hochwaldlandschaft zurück zur Färberkaser, wo der Abstieg zum Ausgangspunkt im Großen Zirknitztal entweder auf einem Forstweg oder, deutlich steiler, auf dem alten Almsteig erfolgen kann.

▶ Die Eckhütte auf der gleichnamigen Alm. Im Hintergrund Sandfeldkopf (links) und Stellkopf (rechts).

Gletscherweg Pasterze

Erlebnis Wasser und Eis

Anfahrt: Nationalpark-Gemeinde Heiligenblut, 1301 m – Großglockner-Hochalpenstraße – Glocknerhaus, 2136 m, 12,5 km, Parkplatz (Postbusverbindung, siehe auch Seite 70).
Route: Glocknerhaus, 2136 m – Margaritzen-Stausee, 2000 m – Franz-Josefs-Höhe, 2369 m, 2½ Std., 362 Hm Auf- und 136 Hm Abstieg.
Charakter: gletscherkundlicher Lehrpfad, markiert, leicht, beste Tourenzeit Juli bis Oktober. Auf dieser Wanderung schreiten wir durch unterschiedliche Klimazonen. Zuerst begleiten uns noch jungwüchsige Lärchen, dann verändert sich der Pflanzenteppich auf Schritt und Tritt, bis wir schließlich über vegetationslose Grundmoränen das spröde Eis erreichen.

Ausgehend vom architektonisch bemerkenswerten Glocknerhaus (Elisabethruhe) führt ein Steig in Kehren über Weiderasen hinab zum Margaritzen-Stausee (25 Min., Abb. I). In diesem seit 1890 eisfreiem Stauraum fangen die 93 Meter hohe Möllsperre und die Margaritzensperre in der Zlöpschlucht den Pasterzenabfluss auf (auch als Mooser- und Drossensperre bekannt).
Vom Südufer des 1952 fertiggestellten Bauwerkes (Leiterbachbeileitung) führt der Gletscherweg angenehm steigend zum Sattel (2135 m) beim Elisabethfelsen. Kurz ist in diesen feuchten Mulden und Schneetälchen die Vegetationszeit für Spalier- und Teppichweiden sowie einen kargen, parkartig aufgelichteten Lärchenbestand. Wir erreichen den Steinzeichenplatz (Abb. II, Buch, Stempel), ein Blockgewirr und zahlreiche Steinmandl im Vorfeld des Sandersees.
Noch einen Kilometer liegt die Pasterzenzunge entfernt und deutlich mehr der Johannisberg mit seinem weiß wallenden Firnmantel. Über Gletscherschliff lenkt der Steig zur Hängebrücke über die wild dröhnende Möll, die sich im Kalkglimmerschiefer tief eingegraben hat (Abb. III).
Den 1966 eisfrei gewordenen, tischebenen Sandersee überragt der Großglockner. Dieser etwa zwölf Hektar große See wird zur Rechten auf fein zerriebenem Gesteinsmehl (Schlurff, Ton) halb umschritten. Dann trennen uns Moränenschutt und fallweise Schnee von der Eiszunge der Pasterze, die jährlich im Schnitt 3,8 Meter an Mächtigkeit und 17 Meter Länge einbüßt. Beim 300 Höhenmeter zählenden Anstieg hinauf zur Franz-Josefs-Höhe wird der Eismasseverlust dramatisch anschaulich. Die Pasterze, ein typischer Talgletscher, verliert bereits seit 1850 an Masse und misst derzeit etwa sechs Kilometer (Abb. rechts).

▶ Die Pasterze vom Oberen Pasterzenboden aus betrachtet.

Johannisberg, 3453 m

Der Zuckerhut aus Eis

Anfahrt: Nationalpark-Gemeinde Heiligenblut, 1301 m – Großglockner-Hochalpenstraße – Gletscherstraße – Franz-Josefs-Höhe, 2369 m, Parkplatz (siehe auch Seite 70).
Route: Franz-Josefs-Höhe, 2369 m – Gamsgrubenweg, 3 km, ¾ Std. – Oberwalderhütte, 2972 m, 2 Std. – Johannisberg, 2½–3 Std.; insgesamt ca. 5½–6 Std., 1100 Hm Aufstieg.
Charakter: Bis zur Oberwalderhütte markiert, leicht bis mittelschwer, danach hochalpine Gletscherstrecke, Eisausrüstung erforderlich.
Besonderheiten: Die Großglockner-Hochalpenstraße, eine Ausflugs- und Panoramastraße ersten Ranges, führt durch viele Klima- und Vegetationszonen im Nationalpark Hohe Tauern. Die nach den Plänen von Dipl.-Ing. Franz Wallack erbaute Straße wurde in den Jahren 1930–1935 verwirklicht. Besuchenswert ist das große Infozentrum mit unterirdischer Ausstellung auf der Franz-Josef-Höhe (siehe Seite 82).

Zunächst wandern wir von der Franz-Josefs-Höhe auf dem Naturlehrpfad Gamsgrubenweg (siehe Seite 82) bis in den Wasserfallwinkel (Info-Tafeln, Rastbänke). Dort, am Ende des Gamsgrubenweges, überschreiten wir den starken, sandig trüben Abfluss des Bockkarkeeses und steigen in der rundgebuckelten Felszone nordwestlich an (Steinmänner, Signalstangen). Ein südlich ausgreifendes, ca. 350 Meter breites Eis- und Schneefeld wird in Richtung Großer Burgstall gequert, ehe wir zu dessen Felsfuß steiler ansteigen (Abb. I).
Ein zwischen Blöcken sich emporwindender, erdiger Steig führt auf das windgefegte Plateau und zur Oberwalderhütte am Großen Burgstall (Abb. II).
Die Hütte ist nach dem 1906 auf der Pasterze verunglückten Thomas Oberwalder benannt. Der Rückweg von hier erfolgt mehrheitlich am schneebedeckten Südlichen Bockkarkees, wo auf schmale Spalten zu achten ist.
Zum Johannisberg: Am anfänglich leicht fallenden Obersten Pasterzenboden betreten wir die weite Gletscherfläche. Der günstigsten Geländeneigung folgend und Spalten rechts umgehend, nähern wir uns dem Johannisberg. Der Südostgrat, eine steile Firnkante, kann im Spätsommer vereist sein. Am breit gewölbten Gipfel genießen wir ein herrliches Bergpanorama, das der Großglockner mit seinem Kärntner Antlitz krönt (Abb. III).

▶ Der Johannisberg, benannt zu Ehren von Erzherzog Johann von Österreich, wendet seinen kurzen, fein geschnittenen Südostgrat (Normalweg) der Oberwalderhütte und der Morgensonne zu.

I

II

III

Schneewinkelkopf, 3466 m

Der Dom am Kastengrat

Anfahrt: Nationalpark-Gemeinde Heiligenblut, 1301 m – Großglockner-Hochalpenstraße – Gletscherstraße – Franz-Josefs-Höhe, 2369 m, Parkplatz (siehe Seiten 70 und 78).

Route: Franz-Josefs-Höhe, 2369 m – Gamsgrubenweg, 3 km, ¾ Std. – Oberwalderhütte, 2972 m, 2 Std. – Schneewinkelkopf, 3½ Std.; insgesamt 6–6½ Std.; 1130 Hm Aufstieg.

Charakter: Bis zur Oberwalderhütte markierter Naturlehrpfad, leicht bis mittelschwer, danach Gletscherstrecke, mäßig schwierig, doch Bergerfahrung erforderlich.

Besonderheiten: Bis vor gut 200 Jahren blieben die Menschen dem alpinen Urland eher fern. Nur notgedrungen wagten sich Hirten, Jäger, Erz- und Mineraliensucher in die Felsreviere, noch seltener auf eisübergossene Grate und Gipfel. Längst schon hatten Forscher und Abenteurer unseren Planeten horizontal in Besitz genommen, ehe sie die vertikale Eroberung, die Erkundung und Ersteigung des Hochgebirges wagten. Dies geschah zuerst in den Alpen. So erhielt die neue Bewegung den Namen „Alpinismus", als deren Geburtsstunde gilt das Jahr 1786, in dem der Montblanc zum ersten Mal bestiegen wurde.

Zunächst wandern wir auf dem Naturlehrpfad Gamsgrubenweg (siehe Seite 82) zur Oberwalderhütte. Nun ist der Schneewinkelkopf unser Ziel. In Seilschaften betreten wir das geschlossene Gletscherfeld des Obersten Pasterzenbodens, der mit dem verspalteten Hufeisenbruch in über 200 Meter hohen Eiskatarakten ins Nährgebiet der Pasterze abbricht. Wir schreiten vorerst nordwestlich aus und biegen zu Füßen des Johannisberges in südwestlicher Richtung ein, dem entlegenen Schneewinkel entgegen (1¾ Std.). Im Rückblick ist die Oberwalderhütte am Großen Burgstall zu einem Suchbild geschrumpft (Abb. I). Bereits nahe ist der Schneewinkelkopf, in dessen Ostflanke wir an beliebiger Stelle ansteigen (Abb. II).

Wir erreichen die Schneewinkelscharte (3412 m, 1 Std.) zwischen der felsigen, doppelgipfeligen Romariswand und dem Schneewinkelkopf (Abb. III). Dann führt der Südostgrat über die kleine Firnkuppe des Vorgipfels zum breiten Schneegiebel auf einsamer Höhe (¾ Std., Abb. rechts). Der Gipfel belohnt bei aufgehellter Sicht den Blick auf die erhabene Fels- und Gletscherwelt im Nationalpark Hohe Tauern.

▶ Aufstieg über den Südostgrat zum Gipfel des Schneewinkelkopfes. Er gilt als namhafter und formschöner Gipfel am Kastengrat, der vom Kalser Tauern bis zum Großglockner etwa acht Kilometer misst und etwa ein Dutzend Fels- und Eisgipfel zählt.

Fuscherkarkopf, 3331 m

Ein Wächter über weißem Bergland

Anfahrt: Nationalpark-Gemeinde Heiligenblut, 1301 m – Großglockner-Hochalpenstraße – Gletscherstraße – Franz-Josefs-Höhe, 2369 m, Parkplatz (siehe Seiten 70 und 78).
Route: Franz-Josefs-Höhe, 2369 m – Gamsgrubenweg, 3 km, ¾ Std. – Fuscherkarscharte, 2835 m, 1¾ Std. – Fuscherkarkopf, 2–2½ Std., 970 Hm Aufstieg. Abstiegsmöglichkeit vom Vorgipfel am Gamsgrubengrat, 1½ Std.; insgesamt 6–7 Std., ca. 1000 Hm im Auf- und Abstieg.
Charakter: teils versichert, sehr alpin, Bergerfahrung erforderlich.
Besonderheiten: Gamsgrubenweg: Beim großen Eingangstor der Info-Zentrale auf der Franz-Josefs-Höhe tauchen wir in die Sagen- und Mythenwelt des sogenannten Schatztunnels ein. Eine unterirdische Ausstellung ist in sechs Tunnels (insgesamt 857 m) den Themen Wasser, Gold, Bergkristall und der Pasterzensage gewidmet. Dieser Streckenabschnitt wurde nach dreijähriger Bauzeit am 26. 1. 2004 eröffnet. Der anschließende, bereits 1936 erbaute, 3 km lange Gamsgrubenweg besticht durch sein fantastisches Bergpanorama vom Großglockner bis zum Johannisberg hoch über der Pasterze. Bereits 1783 – 13 Jahre vor der Erstersteigung des Großglockners – bereiste der Botaniker Heinrich Hoppe das Mölltal und hielt sich sommerlang als „Kräuterklauber", wie ihn Einheimische nannten, in Heiligenblut auf. Er beobachtete die alpine Fauna und Flora in der Gamsgrube und berichtete in Fachzeitschriften begeistert von den Pflanzenwundern zu Füßen des Großglockners.

Der Gamsgrubenweg (Abb. I), ein Naturlehrpfad, durchmisst das Sonderschutzgebiet Gamsgrube mit seiner einzigartigen Pflanzenwelt. Er endet bei sanfter Steigung im Wasserfallwinkel (Rastbänke, Info-Tafeln). Zur Fuscherkarscharte benützen wir kurz einen mit Triebsand überstreuten Weg. Dann steigen wir auf gestuften, mittelbraun marmorierten Gletscherschliffen bergan und setzen später über den Gletscherbach (Steinmänner, dürftig markiert).

Von zahlreichen Steinmännern umgeben, betreten wir das von schmalen Spalten zerfurchte Südliche Bockkarkees. Bei der ausgeaperten Fuscherkarscharte (2835 m) schwingt sich der elegante Nordwestgrat zum Vor- und Hauptgipfel auf (Abb. II). Ein Schuttpfad führt zu Beginn links des Grates, dann im Bratschengelände empor. Zweimal können schwach vorgebaute Blockstufen direkt oder im lockeren Gestein links überstiegen werden. Nach dem Vorgipfel (3247 m) sind die Gratfelsen stark abgewittert (Abb. III), und das flache Schlussstück kann auch im Sommer bis zum Gipfelkreuz (Buch) schneebedeckt sein (Abb. rechts).

Der erwähnte Abstieg am Gamsgrubengrat ist stellenweise versichert und sollte unter größtmöglicher Schonung der Gamsgrube geschehen.

▶ Die letzten Meter zum Gipfel des Fuscherkarkopfes, im Hintergrund der Johannisberg mit der Unteren Ödenwinkelscharte (links) und der Oberen Ödenwinkelscharte (rechts).

Johann-Stüdl-Weg

Das Ködnitztal umrunden

Anfahrt: Nationalpark-Gemeinde Kals am Großglockner, 1325 m – Kalser Glocknerstraße zum Lucknerhaus, 1918 m, 7 km, Parkplatz.

Route: Lucknerhaus, 1918 m – Lucknerhütte, 2241 m, 1 Std. – Stüdlhütte, 2802 m, 1½ Std. – Glorer Hütte am Berger Törl, 2651 m, 2½ Std., bez. 712 A – Abstieg zum Lucknerhaus, 1½ Std.; insgesamt 6½ Std., ca. 950 Hm Aufstieg, ca. 1100 Hm Abstieg.

Charakter: markiert, leicht bis mittelschwer, Trittsicherheit erforderlich, sehr lohnend.

Besonderheiten: Johann Stüdl, der Kalser „Glocknerherr" und Mitbegründer des Alpenvereins, bleibt untrennbar mit der touristischen Erschließung der Glocknergruppe und anderer Gebiete in den Hohen Tauern verbunden. Er machte Kals zum bekannten und begehrten Glocknerdorf. Dort hielt sich der am 27. Juni 1839 in Prag geborene, weltgewandte und hochgebildete Kaufmann oft und gern längerfristig auf. Seine Hilfsbereitschaft und soziale Einstellung waren auch in Prag Legende. Als erster Ehrenbürger von Kals waren ihm der Weg- und Hüttenbau sowie besonders die Förderung des Bergführerwesens ein Herzensanliegen. Die Schutzhütte auf der Fanottscharte (2805 m), der Neue Kalser Weg und der Stüdlgrat am Großglockner tragen ihm zu Ehren seinen Namen. Mit den Worten „Die Berge waren der zweite Reichtum meines Lebens" starb Johann Stüdl am 29. 1. 1925 in Salzburg.

Mit dem Kalser Gesicht des Großglockners vor Augen wandern wir auf viel begangenem Weg im Ködnitzal hinauf zur Lucknerhütte. Neben dem Ködnitzbach und von lieblicher Fels-Schutt-Flora begleitet, gelangen wir über eine Talstufe zu den Viehböden und schließlich zur Stüdlhütte auf der Fanotscharte (Abb. I).

Dem Großglockner südseitig zu Füßen, holt der Steig in der das Tal schließenden Geröllhalde ostwärts aus. Zweimal setzen wir über die aus dem Ködnitzkees ausbrechenden Abflüsse. Karg ist die Landschaft im Bereich mehrfach überlagerter alter Moränen. Auf der erst 1850 hoch aufgestülpten Moräne nähern wir uns dem Westhang der Langen Wand, wo mit etwas Steigung die scharf geschnittene Südwestkante (Pfortkante, Drahtseile) überschritten und anschließend der steinübersäte Pfortwinkel erreicht wird (Abb. II und III).

Der nun südlich fortsetzende Johann-Stüdl-Weg führt über einen kurzen Holzsteg in alpineres Gelände. Wir queren die Westflanke der Glatzschneid mit schmalen Rasenflanken, Hangkanten, Rinnen und Schluchten. Ausgesetzte Passagen sind seilversichert. Dann noch ein Anstieg auf erdigem Steig zum Medelsattel (2676 m, Kreuz), ehe auf Rasenhängen die lohnende Tour zur Glorer Hütte gemächlich ausklingt.

Hinab zum Lucknerhaus auf bekanntem, als geomorphologischen Lehrpfad ausgewiesenen Hüttenweg.

▶ Im Talschluss des Ködnitztals. Windgepeitschte Nebelfetzen umjagen den Großglockner.

Zollspitze, 3024 m

Fels und Eiszungen im Teischnitztal

Anfahrt: Nationalpark-Gemeinde Kals am Großglockner, 1325 m – Teischnitztal – Parkplatz am Teischnitzbach, ca. 1600 m.
Route: Parkplatz am Teischnitzbach, ca. 1600 m – Pifangalm, 2250 m, 2½ Std. – Zollspitze, 2½ Std.; insgesamt, 5 Std., 1424 Hm Aufstieg.
Charakter: Bis zur Alm markiert, dann steiglos, einsam, Gipfelgrat I, Ungeübte sichern.
Besonderheiten: Im Gegensatz zum vielbesuchten und touristisch bevorzugt erschlossenen Ködnitztal als Zubringer zum Großglockner blieb das Teischnitztal weitgehend unberührt. Fels und Eis prägen das stille Tal, und mit der Sonne am Mittag erleben wir den hohen Sturz der Schmelzwasser über die das Tal schließenden Trogwände.

Drei Kilometer nördlich von Kals kehren wir in das Teischnitztal ein, etwa 70 Meter vor dem Teischnitzbach befindet sich auf ca. 1600 Meter Seehöhe ein Parkplatz. Ein kehrenreicher Wirtschaftsweg oder abkürzend der alte Almsteig führen im Lärchenschatten hinauf zum Maurigen Trog an der Baumgrenze (2075 m, 2 Std.). Dort verengt sich das beidseitig steilwandige Tal zur Schlucht. Nach 800 Metern Felsenge und Bachrauschen betreten wir die Teischnitzeben (Abb. rechts).

Am Ende der Hochtalebene duckt sich die erneuerte Hirtenhütte der Pifangalm (½ Std.) vor breiten Berghängen und eisabgedachten, harten Felsmauern. Im Grauen Kar (Toteisreste) im Talschluss – der zerklüfteten Eisstirn des Teischnitzkeeses zwar nahe, doch vor kalbenden Eisbrocken sicher – steigen wir gegenüber auf steilen Rasenhängen an (Abb. I). Nach einer ¾ Stunde mildern schmale Hangterrassen die Steilheit und alte, längst verwachsene Moränen überzeichnen die Grauen Böden. Spürbar ist die Stille dieser unberührten Berglandschaft. Die Untere Fruschnitzscharte (¾ Std.) ist längst sichtbar. Dort zeigt sich eine Welt in Weiß (Abb. II).

Das Fruschnitzkees und auf höherer Bergschulter das Laperwitzkees schmücken glanzvoll den Kastengrat. Gegen das Dorfer Tal funkeln Türme und Séracs der Gletscherzungen (Abb. III).

Von einer etwas höher gelegenen Kammlucke wird der Gipfel der Zollspitze auf sandigem Pfad und steilen, mürben Felsplatten nahe den Grat entlang erreicht (½ Std., Abb. IV).

▶ Die in mildes Herbstlicht getauchte Teischnitzeben. Erneuert und von Lawinen geschützt träumt die Pifangalm auf samtweichen Böden.

Granatspitzgruppe

Zwischen den beiden großen Gebirgsgruppen Großglockner und Venediger liegt die Granatspitzgruppe wie ein schmaler, langgestreckter Keil. Im Gestein den Westalpen ähnlich, zeigt sich am Hauptkamm Gneis. Am Nord- und Südrand dominieren kristalline Schiefer mit streng gehüteten Schürfstellen begehrter Halbedelsteine. Das obere Iseltal, die Felbertauernstraße und das Felbertal begrenzen die Granatspitzgruppe im Westen. Die Einschnitte des Kalser und Dorfer Tales schaffen östlich die Trennung zur Glocknergruppe. Die weitere Nahtstelle bilden die Rudolfshütte am Weißsee und das Stubachtal. Der zentrale Teil des Berglandes gehört dem Nationalpark Hohe Tauern an.

Hütteninformationen

Berghotel Rudolfshütte, 2311 m
Geöffnet Ende Juni bis Anfang Oktober und von Ende Dezember bis Anfang Mai
190 Betten, 53 Lager
Tel. 06563/8221
www.rudolfshuette.com

Kalser Tauernhaus, 1755 m
DAV-Sektion Mönchengladbach
Geöffnet Ende Mai bis Mitte Oktober
20 Betten 28 Lager
Tel. 04876/8393 oder Tel. 0664/985 7090
E-Mail: www.kalser-tauernhaus.de

Karl-Fürst-Hütte, 2629 m
OeAV-Sektion St. Pölten
Selbstversorgerhütte, 8 Schlafplätze, Kochstelle

Matreier Tauernhaus, 1509 m
Ganzjährig geöffnet, 10 Schlafplätze,
Tel. 04875/8811, www.matreier-tauernhaus.com

Neue Prager Hütte, 2796 m
DAV-Sektion Oberland
Geöffnet Anfang März bis Mitte Mai und vom 15. Juni bis Ende September
52 Betten und 38 Lager, Winterraum mit 10 Lagern
Hüttentaxi bis Venedigerhaus Innergschlöss
Tel. 04875/8840, www.neue-pragerhuette.at

St. Pöltener Hütte, 2481 m
OeAV-Sektion St. Pölten
Geöffnet Ende Juni bis Mitte September
17 Betten, 50 Schlafplätze, Tel. 06562/6265
E-Mail: st.poelten@sektion.alpenverein.at

Sudetendeutsche Hütte, 2650 m
DAV-Sektion Sudeten
Geöffnet Mitte Juni bis Ende September
Betten, 32 Lager
Tel. Hütte 0720/347 802 oder 0664/2160 427
E-Mail: huette@alpenverein-sudeten.de

Venedigerhaus/Innergschlöss, 1689 m
Geöffnet Pfingsten bis Mitte Oktober
18 Betten, 15 Lager, Taxiverkehr
Tel. 04875/8820 oder 6771
E-Mail: info@venedigerhaus-innergschloess.at

▶ Am linken Rand des Prägratkeeses führt der St. Pöltener Ostweg zwischen Stubacher Sonnblick und Granatspitze (rechts) zur Granatscharte.

Kalser Blauspitze, 2575 m

Wandern oder Klettern

Anfahrt: Nationalpark-Gemeinde Kals am Großglockner, 1325 m – Blauspitzbahn-Bergstation, 2305 m.
Route: a) Aussig-Teplitzer Weg, 2–2½ Std., ca. 500 Hm im Aufstieg.
b) über Blauen Knopf, 2593 m, 1½ Std., 320 Hm im Aufstieg.
c) Ostgrat-Kletterroute, 2½ Std., 475 Hm (Kletterhöhe).
Charakter: Der Aussig-Teplitzer Weg umläuft in unterschiedlichen Gesteinszonen die Kalser Blauspitze. Der vielbesuchte Felsgipfel gilt auch als vortreffliche Aussichtswarte. Die Route b) über den Blauen Knopf ist markiert, lohnend und aussichtsreich. Trittsicherheit erforderlich. Der Ostgrat ist eine Kletterroute im II. und III. Schwierigkeitsgrad, Fixhaken vorhanden, Seilgebrauch erforderlich, nur für Geübte.

a) Aussig-Teplitzer Weg: Von der Bergstation steigen wir in kurzen Kehren hinab zum „Großen Stein“ (Tafeln) in der Ganotzmulde (¼ Std.). Wir umschreiten die Blauspitze ostseitig und nehmen uns Zeit, das 15 Meter lange Knappenloch Ganotz zu besuchen. Um 1670 wurde dort nach Kupfer und Eisenkies geschürft, doch dürfte die Ausbeute sehr bescheiden gewesen sein. Ein dichter Rasenpelz tarnt die gesprenkelten Gesteine auf den faltigen, ostseitigen Hangabsätzen der Blauspitze, dagegen zeigt sich die Nordseite mit dunkelgrünen Serpentinithalden freizügiger (Abb. I).
Wir queren diese Zone und anschließend kleinere Rasenstufen im sogenannten Maurigen Grübel, ehe beim schmucklosen Unterstand der Steig zum Gipfel links abbiegt.
b) Die Variante über den Blauen Knopf führt ab der Bergstation in Kehren hinauf zum Weißen Knopf, einem am Kamm hockenden, hellen Kalkklotz (20 Min., Abb. rechts). Dort steigen wir rechtshaltend in einer seilversicherten Rinne mit hellgrauem Geröll und bröseligem Schutt an. Wir erreichen eine Kammerhebung und folgen dem steinigen Pfad (Seile) zum Blauen Knopf, hinter dem die Blauspitze von einer Gratsenke getrennt sichtbar ist (Abb. II).
c) Die Kletterroute beginnt am auslaufenden Ostgrat (2200 m, ¾ Std.) von der Bergstation. Steiler, fester Fels und Gratblöcke bestimmen die mit Fixhaken versehene Tour. Schwierigster Teil ist der zwölf Meter hohe Ostgratturm mit acht Haken (Abb. III).
Er kann auch rechts umgangen werden, ehe weiterhin interessante Kletterstellen zum Gipfel (Kreuz, Buch, Bank) führen.

▸ Auf halbem Weg zwischen Kals und Blauspitze halten wir bei der Gedächtniskapelle am Ganotzeck inne. Hier wird der Opfer des Großglockners und der Kalser Berge gedacht.

Kalser Tauern, 2518 m

Den Alpenhauptkamm überschreiten

Route: Nationalpark-Gemeinde Kals am Großglockner, 1325 m – Kalser Tauernhaus, 1755 m, 2 Std. – Dorfer See, 1935 m, 1 Std. – Kalser Tauern, 2 Std.; insgesamt 5 Std., 1200 Hm Aufstieg.
Charakter: markiert, leicht, landschaftlich überaus ansprechend.

Der Ausgangspunkt unserer Wanderung befindet sich im das Tal schließenden Kalser Ortsteil Burg. Dort wendet auch der Postbus (beim Viersternehotel Tauerer und Spöttlinggehöft, 1521 m, Parkplätze). In der Talmulde beim Spöttlinghof überrascht die um 1600 erbaute und 1945 großzügig erweiterte, sehenswerte Rosenkranzkapelle. Wo sich die Wege von Burg und Großdorf vereinen, betreten wir die tief in die Trogstufe eingekerbte Daberklamm mit ihrer Fels- und Wasserkunst. Durch diese romantische Schlucht führt der Felsenweg hoch über dem tosenden Bach in die herrliche Almenlandschaft des Dorfer Tales. Einzeln oder zu kleinen Dörfln geschart stehen die Almhütten, einige erneuert, die meisten alt und in seidig glänzendem Grau gehalten. Über sanfte Stufen, die sogenannten Ebenen, steigt das Almtal an. Im Frühjahr sind die umzäunten Anger mit Hahnenfuß und Löwenzahn übersät (Abb. I).
Mit bilderreichen Eindrücken erreichen wir gemütlich wandernd das Kalser Tauernhaus (Abb. II), von Lärchen lind umschattet und mehrstimmig übertönt vom fallenden Wasser aus dem Obergeschoß der Berge. Nur einen Steinwurf fern steht die dem hl. Wendelin geweihte Gedächtniskapelle.
Etwas rauer ist der Weg taleinwärts, mit Bergsturztrümmern allerorts. Locker ist der Wald, der Bach fließt in schnellen Bögen, noch glänzen Altschneefelder beim Dorfer See, während Alpenrosenbuketts bereits den Sommer verkünden (Abb. III).
In der vom Gletscher gerundeten Hochtalsohle führt der einstige Saumpfad zum „Erdigen Eck" im Talschluss. Dort geht es zunehmend steiler hinauf zum Kalser Tauern, wo ein Kruzifix nach beiden Seiten grüßt.
Der von alters her bekannte Übergang wird südöstlich vom Medelzkopf (2760 m) und westlich vom Tauernkogel (2683 m) bewacht. In nördlicher Richtung steigen wir zum Weißsee (2250 m) ab (½ Std., Abb. rechts). Das Berghotel (2311 m) steht leicht erhöht am sogenannten Schafbichl (siehe Abb. IV, Seite 104).

▶ Der Weißsee nördlich vom Kalser Tauern.

I

II

III

Vordere Kendlspitze, 3085 m

Blumen und eine Handvoll Wüste am Sudetendeutschen Höhenweg

Anfahrt: Nationalpark-Gemeinde Kals am Großglockner, 1325 m – Blauspitzbahn-Bergstation, 2305 m.
Route: Blauspitzbahn-Bergstation, 2305 m – Hohes Tor, 2477 m, 1½ Std. – Dürrenfeldscharte, 2823 m, 1½ Std. – Vordere Kendlspitze, 1 Std.; insgesamt 4 Std., 680 Hm Aufstieg.
Charakter: markiert, leicht bis mittelschwer.
Besonderheiten: Der durch mehrere Vegetationsstufen führende Sudetendeutsche Höhenweg berührt auch den Lebensraum von Haus- und Wildtieren. Auf den steilen Grashängen weiden die Schafe der Matreier Bauern, und mit festem „Wohnsitz" hält sich hier das sympathische Bergvölkchen der Murmeltiere auf. Zahlreich sind die auf geglätteten Grasflächen aufgescharrten Erdhaufen, die von ihrer Anwesenheit zeugen. In ihren dicken Pelzröcken wirken sie drollig und auch ein wenig tollpatschig. Ihre tiefliegenden Baue dienen als Fluchtort und Unterschlupf, wo sie auch ihren Winterschlaf halten. Die Inschrift auf dem Kreuz der Vorderen Kendlspitze „Es gibt nichts Schöneres unter der Sonne, als unter der Sonne zu sein" stammt von der 1926 geborenen österreichischen Dichterin Ingeborg Bachmann.

Von der Bergstation der Blauspitzbahn wie bei der Tour zur Kalser Blauspitze beschrieben (Seite 90) bis zum Unterstand. Weiter auf Rasenhängen und mit etwas Auf und Ab zum Hohen Tor (Bank) mit prachtvollem Gipfelblick. Großglockner und Großvenediger dominieren das Panorama, in dem wir 60 Dreitausender zählen können.

Beim Hohen Tor übernimmt der Sudetendeutsche Höhenweg die Führung. Er durchmisst die steilen gegen Matrei geneigten, blütenreichen Grashänge, ehe der Kehrensteig über Rinnen und schmale Schluchten sich an der Südwestflanke der Vorderen Kendlspitze emporwindet (Abb. I).

Wo auch das zäheste Grün versagt und im späten Sommer die wenigen Quellen versiegen, quert der Steig die Bratschenzone am Westfuß der Kendlspitze (Abb. II). Er dringt in das fast vegetationslose, mit Triebsand überwehte Dürrenfeld ein (Abb. III), das mit der Dürrenfeldscharte abschließt und die Sicht auf das Gradetzkees mit den Muntanitzgipfeln weitet (Abb. Seite 97). Von der Dürrenfeldscharte blicken wir in die hohe, stark versteinte Westhalde der Vorderen Kendlspitze (kleines Bild rechts), die der Saazerweg, zum Pfad verschmälert, auf stets beweglichem Erd-Schutt-Material überwindet. Ein kurzer anregender, teils versicherter Felsgrat endet beim originellen Kreuz, mit Blick zum Kleinen und Großen Muntanitz über dem Gradetzkees.

▶ Geschärfte Grate und jahrtausendealte Falten und Furchen bestimmen das Antlitz der Vorderen Kendlspitze.

I

II

III

Großer Muntanitz, 3232 m

Zum höchsten Gipfel der Granatspitzgruppe

Anfahrt: Nationalpark-Marktgemeinde Matrei, 1000 m – Glanz, 1447 m, Parkplatz.
Route: Glanz, 1447 m – Äußere Steiner Alm, 1914 m, 2 Std. – Sudetendeutsche Hütte, 2650 m, 2 Std. – Karl-Schöttner-Weg, 2¾ Std.; insgesamt ca. 7 Std., 1200 Hm Aufstieg.
Charakter: Bergerfahrung und Ausdauer erforderlich. Schwierigkeitsgrad I am Karl-Schöttner-Weg.

Etwa einen Kilometer nördlich von Matrei verlassen wir die Felbertauernstraße in die hochgelegene Fraktion Glanz und zum Parkplatz vor dem Ruggentaler Gehöft.

Ein weiterführender Fahrweg (Schranken, Taxi) endet am Beginn der Edelweißwiesen, wohin auch der alte, teils steile Almweg führt. In diesem Bereich staunen wir über riesenhafte Lärchenexemplare. Auf den sonnigen Edelweißwiesen gedeiht die Blumenvielfalt dank dem zweijährigen Mähintervall besonders lebensfroh.

Wir queren die Edelweißwiesen zur westlichen Geländekante und gelangen durch einen lockeren Lärchenbestand zur Äußeren Steiner Alm (1914 m). Den nicht immer gutmütigen Steiner Bach zur Seite, wandern wir dem Talschluss zu (Materialseilbahn), wo uns die große Talstufe hinauf zur Sudetendeutschen Hütte nicht einschüchtern kann. Ein in vielen Kehren angelegter Steig entschärft die Höhe bis zur Hütte, die im Vorfeld mächtiger Moränen liegt (Abb. I).

Zum Großen Muntanitz vertrauen wir dem Karl-Schöttner-Weg, der auf feinkörnigem Moränenschutt und versandeten Halden hinauf zum Wellachboden und auf den stark erodierten Bratschenrücken des Wellachkopfkammes führt. Auf der westlichen Kammseite überschreiten wir unschwierig den Vorderen, Mittleren und Obersten Wellachkopf (3110 m), ehe nach drei Pfadkehren der Kleine Muntanitz (3192 m) das nächste markante Ziel ist. Er wird auf der Westseite in einem Kamin (Fixseil), dann auf einem Felsband bis zum Kampel (3129 m) umgangen. Dort zeigt sich der Kleine Muntanitz überaus kühn (Abb. II).

Die letzten 100 Höhenmeter zum Großen Muntanitz verleiten zum Bummeln und Schauen (Abb. III).

▶ Der Anstieg über das Gradetzkees zum Großen Muntanitz bleibt erfahrenen Bergsteigern vorbehalten. Bevorzugt wird die Route über die Wellachköpfe und den Kleinen Muntanitz zum Großen Muntanitz. Ganz rechts schließt der Muntanitzpalfen an.

St. Pöltener Westweg, Teil I

Wandern im Glanz der Eispaläste

Route: Matreier Tauernhaus, 1509 m, Parkplatz – Venedigerhaus/Innergschlöss, 1689 m (Taxi, Pferdekutsche, Gehzeit 1 Std.) – Alte Prager Hütte, 2489 m, 3 Std. – Viltragenbach(brücke), 2342 m, 1½–2 Std., bez. 902, 917 – Zeigerpalfen, 2506 m, 1¼ Std. – St. Pöltener Hütte am Felbertauern, 2481 m, 3–3½ Std., bez. 917; insgesamt 9–10 Std., ca. 1100 Hm Auf- und 250 Hm Abstieg. Abstiegsmöglichkeiten vom Viltragenbach nach Innergschlöss, 1½ Std., markiert.

Charakter: markiert, Steinmänner, bei schneefreier Jahreszeit empfehlenswert und leicht, Trittsicherheit und Ausdauer erforderlich. Landschaftlich großartig. Leider ist die Alte Prager Hütte nicht mehr bewirtschaftet und fällt als Stützpunkt aus. Somit ist ab dem Ausgangspunkt Venedigerhaus / Innergschlöss, dem Almdorf im Herzen der Hohen Tauern, mit 9–10 Std. Gesamtgehzeit zu rechnen. Der Lohn ist ein einzigartiges Naturerlebnis. Es beginnt beim 600 Jahre alten Hospiz, dem ehemaligen Stützpunkt für Tauerngeher, Säumer und Menschen am alten „Handelsweg" über den Felbertauern.

Vom Matreier Tauernhaus, seinen Nebengebäuden, Almhütten und der Bartholomäuskapelle führen der Fahrweg und der alte Hirtensteig orografisch rechts des Baches zum Almdorf Außergschlöss, wo uns zum ersten Mal der volle Blick in den Talschluss und auf die Gletscherpracht der Venedigerberge bannen wird. An der Felsenkapelle, dem 350 Jahre alten kleinen Heiligtum, wird man förmlich hingedrängt zu einem stillen Gebet um Wettergunst und Gipfelglück.

Nach etwa einer Stunde Gehzeit (bzw. mit Venedigertaxi oder Pferdekutsche) erreichen wir das baulich nahezu ursprünglich gebliebene Almdorf Innergschlöss und damit einen der schönsten Talschlüsse der Ostalpen. Beim Venedigerhaus, im Vorfeld des Vorderen Kesselkopfes (Abb. I), beginnt unser über den vollen Tag führendes Bergabenteuer.

Gut 20 Minuten wandern wir neben dem Gschlössbach auf ebenem Wiesengrund zum Talschluss. Dort stürzt der dumpf polternde Schlatenbach im freien Fall herab, silbern umschleiert und tausendfach kristallhell funkelnd wie das Schlatenkees, aus dem seine Wasser stammen. Entlang der großen Seitenmoräne geht es am alten Prager Hüttenweg hinauf zur verwaisten Alten Prager Hütte am Südhang des Vorderen Kesselkopfes (Abb. II).

Von Hohem Zaun und Schwarzer Wand streckt sich das zerklüftete Schlatenkees, das mit neun Quadratkilometern Osttirols größtes Gletscherareal bildet. Der St. Pöltener Westweg führt nun in nördliche Richtung. Immer ferner vernehmen wir den hal-

▶ Blick von den Gamsleiten auf das nördliche Viltragenkees und den Tauernkamm mit Grünem Habach (2970 m) und Schwarzkopf (2997 m).

St. Pöltener Westweg, Teil II

Mit der Sonne am Alpenhauptkamm entlang

lenden Stein- und Eisschlag aus der unnahbaren Kristallwand (3329 m, Abb. III, Seite 98).

Ostseitig des Vorderen Kesselkopfes queren wir eine versicherte Felsschlucht und anschließend die steil abfallenden Gamsleiten. Frei ist die Sicht auf das nördliche Viltragenkees und auf die später zu querenden Hänge unterhalb des Abretterkopfes, der Roten Saile und des Roten Kogels (Abb. IV).

Schon bald steigen wir in Kehren und über versicherte Felsstellen zum Viltragenbach ab (Abb. II, Seite 10).

Die Brücke wird am Ende des Sommers abgebaut, dann ist eine Bachquerung höher im Tal möglich. Derzeit hat sich das Viltragenkees bis an den Fuß des Kleinvenedigers zurückgezogen. Vom Viltragenbach (Brücke) steigen wir am sonnseitigen Hang in den sogenannten Wandeln empor. Gneis und quarzgebänderte Blöcke garnieren das Fels-Schutt-Rasen-Gelände nahezu gleichbleibend bis auf rund 2500 Meter Seehöhe. Auf dieser Höhenkote verläuft nun im Wesentlichen der St. Pöltener Westweg mit unvermindert prachtvoller Eisgipfelschau. Beim graublauen, blockumbauten Kleinsee und beim Zeigerpalfen (Abb. V) spiegeln sich die blendendweißen Venedigergipfel – ein passendes Fotomotiv und ein guter Grund für eine Rast.

Fern im Osten gruppiert sich das Glockneraufgebot (Abb. VI).

Ohne großen Höhenunterschied geht es in der stillen, sanften, dann wieder steinigen Landschaft weiter (Abb. VII).

Wir überschreiten die südlich ausklingenden Grate von Roter Saile, Rotenkogel und Weißeneck an der Vegetationsgrenze und oberhalb der geräumigen Hangbucht mit dem Keespöllachsee. Auf teils versicherten Fels-Rasen-Hängen erreichen wir den Rücken des Weißenecks. Dort führen sechs Steigkehren versichert und steil in das Weißeneckkar hinab, worauf der auslaufende Fechteben-Südgrat den Höhenverlust wieder einfordert. Wenn schließlich die blassblaue Tauernlacke (2361 m) passiert wird, dann ist der restliche Anstieg zur St. Pöltener Hütte (Abb. I, Seite 102) wohl getan.

Das dort in einer Felsplatte eingerammte Tauernkreuz gedenkt der Unglücke während der Säumerzeit. Die Tauernglocke hält die Erinnerung an verstorbene Vereinsmitglieder wach.

▸ Groß- und Kleinvenediger gelten als Majestäten am Alpenhauptkamm westlich des Felbertauern. Auch der Eisverlust am Viltragenkees wird sichtbar. Der Zungenrückgang in den Jahren 1966–2001 betrug 1,8 Kilometer.

St. Pöltener Ostweg, Teil I

Bergseen – Kinder eiszeitlicher Epochen

Route: St. Pöltener Hütte am Felbertauern, 2481 m (Tauernkreuz) – Meßelingscharte, 2563 m, 1¼ Std. – Grünsee, 2246 m, 1 Std. – Dabersee, 2424 m, 1½ Std.; insgesamt 4 Std., 80 Hm Auf- und 250 Hm Abstieg.

Charakter: markiert, bez. 502, 513, leicht, zauberhaft schöne Landschaft mit prachtvoller Eisgipfelschau.

Besonderheiten: Der St. Pöltener Ostweg führt mit einer Gesamtgehzeit von 10 bis 12 Stunden von der St. Pöltener Hütte am Felbertauern bis zum Berghotel Rudolfshütte am Weißsee. Auf der gesamten Strecke gibt es keine bewirtschaftete Unterkunft. Wer die Strecke dennoch in zwei Tagesetappen teilen will, kann in der unbewirtschafteten Karl-Fürst-Hütte übernachten (siehe Seite 104).

Von der St. Pöltener Hütte am Felbertauern führt der St. Pöltener Ostweg in die Granatspitzgruppe. Die Hütte liegt nahe dem Tauernkogel (2989 m), Osttirols nördlichstem Gipfel (Abb. I).
Wir überschreiten den Weinbühel (2545 m) und steigen auf einem felsdurchwachsenen, seilversicherten Hang zum Alten Tauern (2498 m) ab. Nahezu gemütlich wird der Hochgasser mit unvergleichlicher Gletscherschau bis zur Meßelingscharte gequert. Unvermindert eindrucksvoll schließt daran der kurze Abstieg zum Grauen See (2500 m) an und in Folge zum etwas tiefer abgesetzten, geheimnisvoll dunklen Schwarzen See (2344 m).
Er entwässert in den Grünsee, dem dritten am Dreiseenweg (Abb. II).
Von hier ist ein kurzer Abstieg zur unbewirtschafteten Grünseehütte und zum Matreier Tauernhaus in der tiefliegenden Talsohle möglich (markiert, 2 Std.).

Der St. Pöltener Ostweg umläuft nun weiterführend südseitig das Daberkögele, ehe wir auf Rasen, Felsbänken und Gletscherschliffen dem Glockenkogel (2829 m) entgegenwandern (Abb. III).
Dort erwartet uns eine unberührte Landschaft mit blank gehobelten Felsparketten, Geschieberesten und feinkörnigem Sand. Stimmungsvoller Mittelpunkt ist der Dabersee, der grün gesättigt leuchtet oder auch die Farbe des Himmels wiedergibt (Abb. rechts).
Grund- und Seitenmoränen prägen diesen Gebietsteil. Kleine Reste des Daberkeeses klammern sich an die Amertaler Höhe und den Sillingkopf.

▸ Der Dabersee mit dem durch das Tauerntal getrennten Großvenediger im Hintergrund.

I

II

III

IV

St. Pöltener Ostweg, Teil II

Wilde Mannder und Schändlasee

Route: Wie bei Teil I zum Dabersee, 2424 m, 3¾ Std. – Wilde-Mannder-Scharte, 2669 m, 1 Std. – Karl-Fürst-Hütte, 2629 m, 1¾ Std. – Granatscharte, 2974 m, 1½–2 Std. – Berghotel Rudolfshütte am Weißsee, 2311 m, 1¾ Std.; insgesamt 6½ Std., ca. 950 Hm Auf- und ca. 1000 Hm Abstieg.
Charakter: markiert, Gletscherstrecke über die Granatscharte (Steigeisen empfehlenswert), Bergerfahrung und Schönwetter erforderlich.
Variante: Von der Karl-Fürst-Hütte ist ein Abstieg zur Oberen und Unteren Landeckalm und weiter zur Felbertauernstraße in 2¾ Std. möglich.

Vom Südufer des Dabersees steigen wir im unschwierigen Schutt- und Haldengelände zur Haupmer-Scharte an (2527 m, ½ Std.). Auf groben Blockhalden und vorbei an glasklaren Tümpeln queren wir den Glockenkogel südwestlich, ehe bei geringer Steigung die Wilde-Mannder-Scharte erreicht wird (Abb. I).

Bei diesen eng gereihten Felstürmen wechseln wir über den Südgrat des Glockenkogels in das Landecktal. Bei gleichbleibendem Landschaftscharakter senkt sich der Steig auf blockbedeckten Hängen (Richtungsstangen). Wir queren einige von Plattenfels gesäumte Rinnen (Pfeile) und steigen auf einem versteinten Rasenhang noch 100 Höhenmeter zum Abfluss des Schändlasees (2369 m) ab (1 Std.). Von diesem stark verlandenden See ist auf höher gelegenen Felsbänken und im Vorfeld der Landeckscharte die kleine, unbewirtschaftete Karl-Fürst-Hütte sichtbar (Abb. II). Neben Geröll geht es dorthin auch über große aalglatt abgeschliffene Gneis- und Granitblöcke, die ein leichtfüßiges Weiterkommen ermöglichen (¾ Std., Abb. rechts).

In nordöstlicher Richtung erblicken wir die Granatscharte zwischen Stubacher Sonnblick und Granatspitze (rechts), die den Übergang zur Salzburger Tauernseite vermittelt (Abb. III).

Im Aufstieg zur Granatscharte vertrauen wir der Markierung am stark geneigten Geröllhang und später den Spuren am linken Rand des Prägratkeeses (schmale Spalten). Auf der Salzburger Seite steigen wir am rechten Rand des Sonnblickkeeses im Wechsel von Schnee, Geröll und Blockstufen ab. Mit dem vom Kalser Tauern zumündenden Steig gelangen wir zum Berghotel Rudolfshütte am Weißsee (Abb. IV). Hoch über der Hütte breitet sich das Sonnblickkees mit Granatspitze (links) und Stubacher Sonnblick aus.

▶ Über abgeschliffene Gneis- und Granitblöcke geht es zur Karl-Fürst-Hütte. Im Hintergrund begrenzen Luckenkogel und Großer Muntanitz den Himmel.

Schobergruppe

Die Schobergruppe türmt im Südbereich der Hohen Tauern mit besonders charakteristischem Relief auf, das Höhenunterschiede bis zu 2300 Meter zulässt. Von der Schleinitz (2905 m), dem Lienzer Hausberg, breitet sich die Schobergruppe bis zu den Kammfüßen der Glocknergruppe im Norden aus. Das Isel- und Kalser Tal begrenzen diesen Gebietsteil westlich, das Mölltal östlich. Aus sieben, meist tief eingekerbten Bergtälern lassen sich 53 Dreitausender und mehr als 100 weitere Gipfel ersteigen. Geologisch gehört die Schobergruppe insgesamt der Zone der Alten Gneise an. Herrliche blau und grün schimmernde Bergseen, die von kargen Gletschern genährt werden, sind der Schobergruppe Schmuck und Zierde. Die vielfach unberührten Gebietsteile mit ihren einzigartigen Naturjuwelen fördern eine außergewöhnliche Tier- und Pflanzenwelt. Sie zu bewahren verbürgt der Nationalpark Hohe Tauern, der über einen Großteil der Schobergruppe seine schützende Hand hält.

Hütteninformationen

Adolf-Noßberger-Hütte, 2488 m
OeAV-Sektion Edelweiß Wien
Geöffnet Juni bis Mitte September
14 Betten, 28 Lager, Tel. Hütte 0664/9841 835

Elberfelder Hütte, 2346 m
DAV-Sektion Wuppertal
Geöffnet ca. 1. Juli bis 15. September
50 Schlafplätze
Tel. Hütte 04824/2545 oder 0664/2366 523
E-Mail: www.elberfelderhuette@dav-wuppertal.de

Gernot-Röhr-Biwak, 2926 m
6–8 Schlafplätze, kein Trinkwasser

Glocknerhaus, 2136 m
OeAV-Sektion Klagenfurt
Geöffnet Anfang Mai bis Oktober
100 Schlafplätze
Tel. 04824/24666

Glorer Hütte, 2651 m
DAV-Sektion Eichstätt
Geöffnet Mitte Juni bis Ende September
20 Betten, 35 Lager, Gepäcktransport
Tel. 0664/3032 200 oder 04876/8277

Hochschoberhütte, 2322 m
OeAV-Sektion Edelweiß Wien
Geöffnet Mitte Juni bis Ende September
60 Schlafplätze
Tel. Tal 0676/5837 510, Tel. Hütte 0664/915 7722
www.schoberhuette.at

Lienzer Hütte, 1977 m
OeAV-Sektion Lienz
Geöffnet Anfang Juni bis Anfang Oktober
33 Betten, 54 Lager, Seminarraum, Kinderspielplatz
Tel. Tal 04852/63097, Tel. Hütte 04852/69966
www.lienzerhuette.com

Raneralm, 1903 m
Geöffnet vom 1. Juni bis Ende September
Tel. 04852/67578

Salmhütte, 2638 m
OeAV-Sektion Wien
Geöffnet vom 20. Juni bis Ende September
24 Betten, 24 Lager
Tel. Hütte 04824/2089 oder 0664/2265 946
www.salmhuette.at

Wangenitzseehütte, 2508 m
OeAV-Sektion Lienz
Geöffnet Ende Juni bis Ende September
75 Schlafplätze, Gepäcktransport
Tel. Tal 04877/5279, Tel. Hütte 04826/229
E-Mail: josef.unterwurzacher@direkt.at

Winklerner ÖAV-Hütte, 2906 m
Geöffnet vom 1. Juni bis Mitte Oktober und an Winterwochenenden
30 Schlafplätze
Tel. 0664/3006434

Auch vom Lienzer Höhenweg aus ist der Glödis (3206 m) ein Blickfang.

I

II

III

Wiener Höhenweg, Teil I

Aus der Glockner- in die Schobergruppe

Route: Glocknerhaus, 2136 m – Margaritzen-Stausee, 2000 m, ½ Std. – Stockerscharte, 2442 m, 1¼ Std. – Salmhütte, 2638 m, 1¾ Std. – Glorer Hütte, 2651 m, 1¼ Std.; insgesamt 5 Std., 160 Hm Ab- und 642 Hm Aufstieg.

Charakter: markiert, teilweise Trittsicherheit erforderlich; gastfreundliche Schutzhütten bieten Einkehr und Unterkunft. 10 Minuten nördlich der Salmhütte ist noch ein im Fels vertiefter Raum eines ehemaligen Unterstandes vorhanden. Er wurde anlässlich der Großglockner-Erstersteigungsversuche um 1800 errichtet.

Vom Glocknerhaus (Elisabethruhe) führt ein Kehrensteig über Weiderasen hinab zum Margaritzen-Stausee im Vorfeld des Großglockners (Abb. rechts). Wir überschreiten die beiden Bogensperren und beachten vor dem beigeleiteten Leiterbach den Hinweis zur Stockerscharte. Dorthin führt der Steig in weit ausholenden Schleifen auf dürftiger Grasnarbe, dann in engen Kehren im Fels- und Schuttgelände empor. Die sanft eingeknickte Stockerscharte verbindet in das Leitertal (Abb. I).

Dort müssen wir uns auf eine etwas alpinere Steigführung einstellen. Auf schmalem und kurz bergab seilversichertem Steig queren wir die steilen Südflanken des Mittleren und Hinteren Leiterkopfes (Abb. II).

Es schließen daran die graubraunen, dünn begrünten Bratschenhänge des Schwertkopfes. Wir haben in Richtung Salmhütte (Abb. III) den schmalen Schwertboden erreicht. Mächtig überbaut das Schwerteck mit ebenso stark verwittertem Kalkglimmerschiefer das innere Leitertal (Abb. III, Seite 10).

Von der geschichtsträchtigen Salmhütte zur Glorer Hütte stehen zwei verschiedene Wege zur Wahl: a) die anspruchsvollere Route, westlich zum mehrarmigen Leiterbach und auf dem mit Seil und Holztreppen entschärften Hangsteig hinauf zum Unterstand am Glatzberg; oder b) die leichtere, südlich zur Leiterbachbrücke absteigende Route und dann zwischen Schrofenabsätzen hinauf und ebenso in den Bereich des erwähnten Unterstandes am Glatzberg.

Abschließend auf kurzrasigen Bergmatten zum Oberen Glatzsee (Abb. Seite 11) und um ein Felseck zur Glorer Hütte am Berger Törl. Hier stehen wir an der Nahtstelle zwischen Glockner- und Schobergruppe (Abb. III, Seite 10). Die Salmhütte befindet sich zu Füßen des Schwertecks.

▶ Der Margaritzen-Stausee sammelt und staut den Abfluss aus der Pasterze, die der spitzgiebelige Großglockner majestätisch überragt.

Wiener Höhenweg, Teil II, und Böses Weibl, 3121 m

Ein Gipfel für jedermann

Route: Glorer Hütte, 2651 m – Peischlachtörl, 2484 m, 1 Std. – Kesselkeessattel, 2926 m, 2 Std. – Elberfelder Hütte, 2346 m, 2 Std.; insgesamt 5 Std., 450 Hm Auf- und 580 Hm Abstieg.
Charakter: markiert, mäßig schwierig, landschaftlich großartig.

Auf einem teils steinigen Flankensteig wird das Kasteneck zunächst ost-, dann südseitig zum Peischlachtörl umgangen (Abb. I).

Auf der flachen, partiell sumpfigen Passwiese (Unterstand, Wetterkreuz) wählen wir den links abzweigenden, auf das Böse Weibl zuführenden Wiener Höhenweg (Abb. II).

Auf schmalen Hangabsätzen, mittelsteilen Schutthalden und satt durchtränkten Karböden nähern wir uns dem Flankenfuß des Hohen Griedenkarkopfes. Selbst auf sprödem Grund behauptet sich die spärliche Fels-Schutt-Flora, mit deutlichem Abstand zum dahinsiechenden, geröllbedeckten Kesselkees, das seine Schmelzwasser monoton in den gleichnamigen See träufelt. Diesen Bergwinkel bewacht der Großglockner als stolzer Nachbar im Norden (Abb. III).

Das Gernot-Röhr-Biwak am Kesselkeessattel (Abb. IV) wurde 1973 von Walter Mair und Peter Ponholzer mit Jugendlichen des Lienzer Alpenvereins und Helfern erbaut und nach dem in den Lienzer Dolomiten verunglückten Alpinisten und Gymnasiallehrer Gernot Röhr benannt.

Das Böse Weibl (¾ Std., markiert) ist vom Biwak am Blockkamm zugänglich. Vom Süd- zum Hauptgipfel (Kreuz, Buch) ist der Anstieg über grobe Blöcke etwas steiler, aber mäßig schwierig und lohnend.

Mit dem Blick in das Tramerkar (Tramerkarsee) und auf die das Gößnitztal abschließenden Horn- und Klammerköpfe (rechts) verlassen wir den Kesselkeessattel (Abb. rechts).

Ein Fixseil und Steigspuren führen auf den obersten Karboden hinab, wo nach links schwenkend der Tramerkarsee passiert wird. Wir gelangen zum Tramerbach zu Füßen des mächtigen Roten Knopfes (3281 m), der ein noch immer eisiges Herz in der Felsenmitte der Nordostwand birgt. Nach Überschreitung des Gößnitzbaches sind wir der Elberfelder Hütte schon nahe.

▸ Tramerkarsee mit Großem Hornkopf und den eng gereihten Klammerköpfen. Ganz rechts richtet sich der Rote Knopf auf.

Wiener Höhenweg, Teil III

Hornscharte – der alpinste Übergang

Route: Elberfelder Hütte, 2346 m – Hornscharte, 2958 m, 2½ Std. – Adolf-Noßberger-Hütte, 2488 m, 2½ Std.; insgesamt 5 Std., 612 Hm Auf- und 470 Hm Abstieg.

Charakter: markiert, bez. 918, Seilversicherungen beidseitig der Hornscharte, Bergerfahrung notwendig, hochalpin.

Von der vom Roten Knopf breit überbauten Elberfelder Hütte (Abb. I) bieten sich zwei markante Übergänge zur Adolf-Noßberger-Hütte im Gradental an: die Klammerscharte zwischen Horn- und Klammerköpfen und die Hornscharte, über die der Wiener Höhenweg führt. Östlich der Elberfelder Hütte gelangen wir zum nahen Wasserschloss und überschreiten anschließend den kräftigen Hornbach. Wo bald danach der Langtalseenweg nördlich ausschert, steigen wir im festgewachsenen Hanggelände östlich an. Vom Westgrat des Kögeles begrenzt, staunen wir über die gewaltige Stirnmoräne (P 2722, 1¼ Std.) und den leider spürbaren Eisschwund des Hornkeeses, das wir weitbogig links umgehen. Auf Haldenschutt oder auf Altschnee nähern wir uns dem schmalen Schuttarm, der steil und seilversichert auf der Hornscharte (2958 m), dem höchsten Punkt des Wiener Höhenweges, endet. Kreuzkopf (links) und Großer Hornkopf (rechts) bewachen diesen hochalpinen Übergang.

Der Abstieg südostseitig verläuft im linken Felsbereich (Abb. II), kann aber, je nach Jahreszeit, schneebedeckt sein. Die schmale Rinne (Rudl-Eller-Weg) fußt in einem nach unten sich weitenden Blockkar (Abb. III).

Der anschließende Kehrensteig führt über eine vom Bach ausgeschwemmte Felsschlucht (1¼ Std.). Nach einigen erdigen Furchen unterschreiten wir zwei Grate, die der Große Hornkopf aussendet. Vereint mit dem vom Gradental ansteigenden Tierleitenweg (P 2326) geht es wieder bergan. Bald überrascht ein moosfarbener Tümpel und auf nächsthöherer Stelle die Schwarze Lacke mit der anschließenden Seenpracht nahe der Adolf-Noßberger-Hütte (Abb. rechts). Die nördlich gelegene Klammerscharte trennt der Hornkopf von den Klammerköpfen (links).

▶ Die Adolf-Noßberger-Hütte am Großen Gradensee, im Hintergrund Klammerscharte mit Kleinem und Großem Hornkopf (rechts).

I

II

III

Wiener Höhenweg, Teil IV

Auf Gletscherschliffen unterwegs

Route: Adolf-Noßberger-Hütte, 2488 m – Niedere Gradenscharte, 2796 m, 1¼ Std. – Kreuzseeschartl, 2860 m, 2¼ Std. – Wangenitzseehütte, 2508 m, 1 Std.; insgesamt 4½ Std., ca. 420 Hm Auf- und 560 Hm Abstieg.
Charakter: markiert, bez. 916, 918, Trittsicherheit an einigen Stellen erforderlich.

Am Nordufer des türkisgrünen Großen Gradensees schreiten wir westwärts aus und setzen über den von der Klammerscharte herabfließenden Bach (Abb. Seite 113). Hoch über dem blockbedeckten Berghang ist der Keeskopf als zierliche Kegelspitze sichtbar (Abb. I).
Dorthin gewinnen wir auf übereinander gebankten Gletscherschliffen rasch an Höhe, mit zunehmend weitem Blick auf die malerischen Seen im Umfeld der Adolf-Noßberger-Hütte. Dunkel und erhaben bewacht der Große Friedrichskopf das Gradental (Abb. II).
Großflächige, bunt gebänderte Schliffzonen wechseln mit am Morgen von Tau besprengten Moosbeeten. Dazwischen weisen Steinmänner westlich zum Keeskopf und südlich zur Niederen Gradenscharte. Zum Keeskopf (3081 m, 1 Std., mäßig schwierig) lenken Pfadspuren, ehe im steileren Blockwerk und gratähnlichem Gelände der Gipfel (Kreuz, Buch) unsere Tagesetappe bereichert.
Wir erreichen den Eissee nahe der Niederen Gradenscharte (Abb. III).

Der nun gegen das Debanttal erfolgende Abstieg ist kurzseitig seilversichert und führt in einen kleinen blockbeladenen Hangtrog. Im anschließenden Steinkar zweigt bei P. 2561 der Ferdinand-Koza-Weg links, östlich ab. Dorthin werden drei von den Weißwandspitzen südlich abstreichende Grate überschritten. Der erste überrascht mit einer kleinen Kammwiese, während die beiden folgenden durch steinige Halden getrennt sind und Seilversicherungen aufweisen.
Wir steigen in das sehr alpin geprägte Perschitzkar an und passieren die der Hohen Gradenscharte nahe gelegenen Stirnmoränen (Tafel). Nun dicht am Felsfuß des Hohen Perschitzkopfes und schließlich auf 17 kleinen Steinstufen zum Kreuzseeschartl empor. Bereits dort begeistert der Blick auf Wangenitz- und Kreuzsee mit der Schutzhütte am Nordufer (Abb. rechts).

▸ Wangenitz- und Kreuzsee mit der Wangenitzseehütte auf einem der schönsten Plätze der Schobergruppe.

I

II

III

Wiener Höhenweg, Teil V

Zum Finale auf das Petzeck

Route: Wangenitzseehütte, 2508 m – Petzeck, 3283 m, 3 Std., 775 Hm – Obere Seescharte, 2604 m, ¾ Std. – Raneralm, 1903 m, 2¼ Std. – Winklerner Alm (OeAV), 1907 m, ¼ Std. – Iselsbergpass, 1208 m, 1½ Std.; insgesamt 5 Std., 170 Hm Auf- und 700 Hm Abstieg. Rückfahrt mit Pkw oder Taxi ab Raneralm möglich, Tel. 04852/64064.

Charakter: Anstieg zum Petzeck markiert, mittelschwer. Von der Wangenitzseehütte am Wiener Höhenweg zur Raneralm markiert, leicht und aussichtsreich.

Zum Petzeck (3283 m), dem höchsten Gipfel der Schobergruppe im Kärntner Nationalpark Hohe Tauern, erwartet uns eine anspruchsvolle Tour. Zu Beginn steigen wir ca. 10 Minuten nordseitig der Hütte an und queren dann 20 Minuten östlich (Quelle) bis zum Südostgrat des Kruckelkopfes. Ein ausgesetztes Felseck ist mit 80 Meter Fixseil gut abgesichert. Anschließend senkt sich der Steig kurz in das untere Kruckelkar, wo wir nach wenigen Minuten einen bergwärts weisenden Pfeil beachten. Ihm folgend, gelangen wir auf einem breiten Fels-Rasen-Kamm bis auf 2800 Meter Seehöhe (insgesamt 1½ Std.).

Vor einem der Petzeckscharte zu Füßen liegenden Blockkessel schwenken wir rechts und nähern uns dem großen Geröllhang und später dem spröden Grat, den ein behäbiger Steinmann am Vorgipfel (P 3136) bewacht. Noch ein Schrofenhang, dann betreten wir das von der Sommersonne geplagte Firndach und den leicht überhöhten Schuttkegel, mit dem 2002 erneuerten Gipfelkreuz (Buch).

Wir kehren am Anstiegsweg zur Hütte zurück. Am Wiener Höhenweg verlassen wir die Wangenitzseehütte über die Obere Seescharte (Abb. I).

Beim Passkreuz nehmen wir Abschied von Petzeck (rechts), Kruckelkopf und Östlichem Perschitzkopf (Abb. rechts).

Aus dem inneren Debanttal grüßt der Hochschober (Abb. II).

Ab der Oberen Seescharte queren wir die steil gegen das Debanttal abfallende Flanke und steigen zwischen Blockwerk am Südgrat des Seeschartenkopfes ab. Sanfter ist das Gelände im großen Rasenkar, das der Gaislitzbach kaum hörbar durchfließt. Mit nur mehr geringem Höhenunterschied klingt die Wanderung auf den Sonnenhängen des Debanttales aus. Stationen sind die Raner- (Abb. III) und Winklerner Alm, ehe ein Fahrweg zur Schönen Aussicht oder ein Almweg zum Iselsbergpass führt.

▶ Wangenitzsee mit der gleichnamigen Hütte, im Hintergrund Östlicher Perschitzkopf, Kruckelkopf und Petzeck (rechts).

Hochschober, 3240 m

Blumen, Schnee und Fels

Anfahrt: Ainet im Iseltal, 755 m – Oberleibnig, 1230 m, 7 km – Parkplatz im Leibnitztal (1656 m).
Route: Leibnitztal, 1656 m – Hochschoberhütte, 2322 m, 2¼ Std. – Hochschober, 3 Std., 1588 Hm Aufstieg.
Charakter: markiert, bei guten Verhältnissen mäßig schwierig. Unter den 53 Dreitausendern der Schobergruppe ist der Hochschober als vierthöchster voll eigentümlicher Schönheit und Großartigkeit. Der auf der Staniskascharte ansetzende Westgrat gilt als leichtester Anstieg auf den Gipfel. Der Gletscher auf der gegen das Ralftal stark neigenden Nordseite ist von starker Abschmelzung bedroht.

Der ursprüngliche Hüttenweg zur Hochschoberhütte führt von Oberleibnig zum Oberfercherhof (1454 m) und noch drei Kilometer zur Brücke am Leibnitzbach. An der orografisch rechten Bachseite führt der Eduard-Jordan-Weg durch lichten Lärchenwald und meist nahe am Bach zur einsamen Leibnitzalm (1908 m, ¾–1 Std.) zu Füßen der himmelhoch ragenden Prijakte. Auf der höher gelegenen, vom lebhaften Leibnitzbach seitlich begrenzten Zilin- bzw. Bielitzwiese wacht ein zur Rast einladendes Kreuz inmitten frühsommerlich aufrötender Alpenrosen, fern von Schnee und Fels am Hochschober (Abb. I).

Den Schlusshang durchmisst eine langgezogene Kehre, ehe wir an der Sophienquelle vorbei die Hochschoberhütte am Nassfeldkofel erreichen (Abb. II).

Bereits sichtbar ist die Staniskascharte und der Westgrat zum Hochschober (Abb. III).

Dorthin passieren wir auf einer höher gelegenen Hangstufe die in Moos gebettete Schoberlacke, während zur Linken das Kleine und Lange Schöberl den auf harten Grundmoränen verlaufenden Steig überragen. Am Felsfuß des Hochschobers erreichen wir die Staniskascharte (2936 m, 1½ Std.). Dort setzt der Westgrat in einer groben Blockhalde an. Steig- und Pfadspuren (dünne Holzpflöcke) führen meist südseitig des blockigen Grates nahe zum Vorgipfel (3185 m, ¾ Std.), der rechtshaltend zur Westschulter gequert wird (Abb. IV).

Den Anstieg zum Gipfelgrat unterstützt ein Fixseil. Bereits vor dem höchsten Punkt (Kreuz, Buch, 1½ Std., Abb. rechts) bestaunen wir das Rundumpanorama, angeführt von den Gletscherdächern der Rötspitze und Malham in der Venedigergruppe.

▶ Die letzten Meter am Gipfelgrat zum Hochschober.

Glödis, 3206 m

Das Osttiroler Matterhorn schaut in das Debanttal

Anfahrt: Nationalparkgemeinde Nussdorf/Debant, 660 m – Debanttal/Seichenbrunn, 1673 m, ca. 10 km, Parkplatz, Schranken.
Route: Debanttal/Seichenbrunn, 1673 m – Lienzer Hütte, 1977 m, 1¼ Std. – Glödis, 3206 m, 3½ Std., 1533 Hm Aufstieg (Klettersteig am Südostgrat, 1–½ Std., 304 Hm Aufstieg, I).
Charakter: markiert, Klettersteig, Klettersteigset und Helm empfehlenswert.
Besonderheiten: Die mit dem formvollendeten Glödis im Ursprung des Debanttales auftürmenden Erhebungen zählen zu den bedeutendsten der Schobergruppe. Dieser Talschluss ist seit 1935 völlig eisfrei, sieht man von einigen, unter Schutt verborgenen Blockgletschern ab.

Lienz, Nussdorf/Debant und Dölsach sind direkte Ausgangspunkte in den Naherholungsraum Debanttal. Bis zum Seichenbrunn in der Talmitte ist die Pkw-Zufahrt gestattet. Zur Lienzer Hütte im Talschluss führt ein Fahrweg und der Nationalpark-Lehr- und Kulturweg auf der orografisch linken Bachseite. Stationen sind die Gaimberger Alm (1753 m) und weiter talein die Hofalm (1824 m). Sie diente bereits dem Görzer Geschlecht, das mit Graf Leonhard auf Schloss Bruck bei Lienz am 12. 4. 1500 ausstarb. Neu ist die am 15. 8. 2007 eingeweihte Bartholomäuskapelle, besuchenswert das bäuerliche Almmuseum.

Der Nationalpark-Lehrweg(pfad) sucht die Nähe des Debantbaches (Abb. I), der kristallklar teils durch flache Wiesengründe plätschert, dann wieder weithin grollend über Klippen und Talstufen stürzt. Vertraut mit der Höhe und den Stürmen der Berge sind die uns bis zur Lienzer Hütte begleitenden Zirben und Lärchen. Zum Glödis (Abb. rechts) folgen wir dem Franz-Keil-Weg talein, ehe nach ca. einer ½ Stunde der verästelte Debantbach nach rechts überschritten und im Hochtal Richtung Kalser Törl bis auf 2500 Meter Seehöhe angestiegen wird (1 Std.). Dort halbrechts über Rasenabsätze, Schutt und Geröllzonen in das plattengepanzerte Vorfeld des Glödis empor und zum Einstieg des Südostgrates (Abb. rechts und Abb. II).

Ein hüfthoch gespanntes Fixseil verläuft entlang der kompakten Gratfelsen und passiert auch das Johann-Rindler-Schartl (Abb. III), das nach dem Erbauer der Steiganlage benannt ist (in Zusammenarbeit mit Hans Gaiswinkler, dem Obmann der OeAV-Sektion Lienz). Den Gipfel (Buch) ziert das Kreuz der Kalser Bergführer, die den Gipfel am 13. Juli 1871 erstmals bestiegen haben. Die erste Winterbegehung erfolgte im Feber 1921 durch Rudl Eller.

▸ Blick auf den mächtigen Glödis mit dem Klettersteig auf dem ins Debanttal weisenden Südostgrat.

Deferegger Berge

Das auch als Deferegger Alpen bekannte Gebirge wird im Süden vom Pustertal, im Westen vom Villgraten- und Winkeltal begrenzt. Wesentlich steiler fällt der Gebirgsstock gegen das nördlich begrenzende Defereggental ab. Ein stumpfer Keil streckt sich mit dem Hochstein, dem „Arbeitsgebiet" des Lienzer Alpenvereins, gegen Osten, dem das große Lienzer Becken mit der Bezirkshauptstadt zu Füßen liegt.

Weit und tief in die Deferegger Berge einschneidende Täler laden zum beschaulichen Wandern und zünftigen Bergsteigen ein. Sommergrüne Almen, malerische Bergseen und Gipfel bis nahe an die 3000-Meter-Grenze bilden einen spürbaren Kontrast zu den bizarren Felsburgen der Lienzer Dolomiten im Süden und den mit Eis und Schnee abgedachten Hohen Tauern im Norden.

Quer durch diese Berggruppe sucht der Pustertaler Almweg die Schönheiten dieser Landschaft auf.

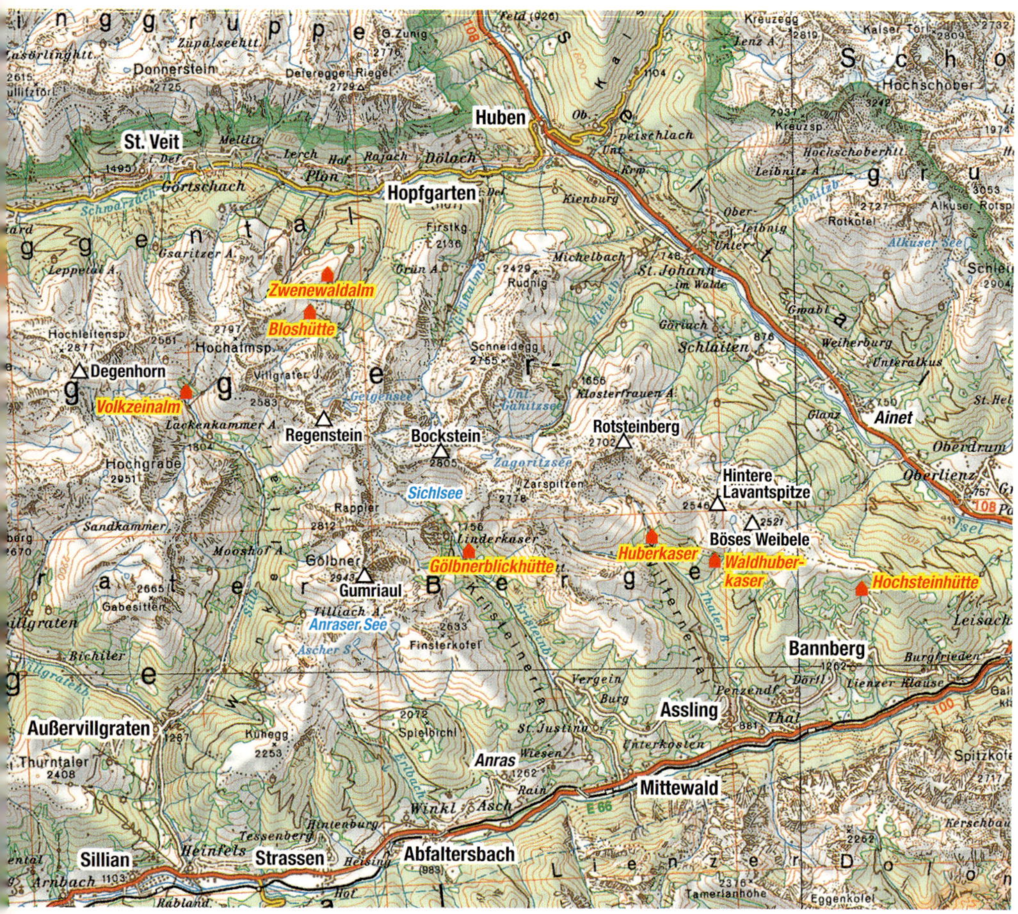

Hütteninformationen

Bloshütte, 1795 m
Geöffnet Anfang Juni bis Mitte Oktober
16 Zimmer, 22 Lager
Tel. Hütte 0699/1084 5212,
Hüttentaxi Tel. 04872/53 61

Gölbnerblickhütte, 1824 m
Geöffnet 1. Juli bis 30. September
20 Schlafplätze
Tel. 04846/6594

Hochsteinhütte, 2023 m
OeAV-Sektion Lienz, Neubau 2010
Geöffnet Mai bis Oktober und vom 20. Dezember bis Ostern
20 Schlafplätze
Tel. 0664/498 1066
E-Mail: zugast@hochsteinhuette.at

Huberkaser, 1915 m
Geöffnet von Juni bis Mitte Oktober

Waldhuberkaser, 2002 m
Geöffnet von Juni bis Mitte Oktober

▶ Die Deferegger Berge sind reich an Almen und Bergseen. Zu den schönsten zählt der Geigensee (2407 m).

Pustertaler Almweg

Erlebnisweg zu zwölf Kasern

Anfahrt: Auffahrt von Lienz mit Taxi oder privat zum Start oder Endpunkt der Wanderung. Im Wilfernertal bis Pedretscher Kaser, 1700 m, Parkplatz.

Route: Hochsteinhütte, 2023 m – Ehrenwiese, 2000 m, 1½ Std. – Waldhuberkaser, 2002 m, 2 Std., 9 km (Weghälfte) – Huberkaser im Wilfernertal, 1950 m, ¾ Std. – Gamperkaser, 1963 m, ¾ Std. – Kontrinerkaser, 2 Std.; insgesamt 7 Std., 18 km. Fahrweg hinab nach Bichl an der Pustertaler Höhenstraße.

Charakter: markiert, leicht, lohnend.

Besonderheiten: Der Pustertaler Almweg erschließt die sonnseitigen Hänge des Deferegger Hauptkammes und kehrt in drei bewirtschaftete Hütten ein. Hirten und Sennerinnen sind diesen Weg lange vor uns gegangen. Folgen wir ihren Spuren und einer Beschreibung, die sich auf das Wesentliche beschränkt und den Wegbenützern Entdeckerfreude zumutet.

Beginnen wir im Bereich der Hochsteinhütte (Abb. I, Seite 126). Im Tagesbogen der Sonne wandern wir zwischen lichtem Lärchenbestand und sperrigem Wacholderbewuchs westwärts zum Gampele. Auf den mit dem Waldsaum verzahnten blumenreichen Sonnenhängen des Bösen Weibele gelangen wir zur Ehrenwiese mit Gottfrieds Hütte, vor den vom Spitzkofel angeführten Lienzer Dolomiten (Abb. I).

Der weiterführende Almweg führt dann über eine Waldkante in die weitläufige Hangbucht der Dörfler Alm. Lärchen und Fichten beschatten den Weg, schnurgerade Rinnsale rieseln durch Moos und über Steine. Genussvolle Rast erwartet uns beim Almkreuz am Steierwieseck.

Zu den ältesten Almhütten zählen die Mair (Moas)-Kasern auf den breiten Bergflanken bis hin zum Monstreitbach, der Kühlung aus dem Lavantsee bringt. Später überschreiten wir das Gissenbachl auf einer kleinen Bogenbrücke, bereits nahe der Einkehr zur Waldhuberkaser. Wir erreichen bald das weit offene Wilfernertal mit der bewirtschafteten Huberkaser (Abb. II).

Ein in der Vorsommerzeit mit perlweißen Anemonen gesäumter Steig verbindet zur Gamperkaser und anschließend auf das Hocheck (2049 m, Lärchknoten) auf der westlichen Anhöhe des Wilfernertales. Im Revier von Auer- und Spielhahn senkt sich der Steig zur Baumgartnerkaser, ehe ein letzter Anstieg zur Neuen und Alten Soldererkaser in den geweiteten Rasentrog der Gritsch einmündet, wo im blauen Blütenmeer der Großblütige Enzian die überaus seltenen Blüten in Weiß gut versteckt (Abb. III).

Von der Tschicker- zur Kontrinerkaser klingt die Wanderung auf breitem Weg mit all seinen Schönheiten aus.

▶ Der Pustertaler Almweg führt an der Baumgartnerkaser vorbei.

I

II

III

IV

Hochsteinkamm

Ein Pfad über sechs Gipfel

Anfahrt: Lienz, 673 m – Bannberg, 1262 m, 8 km – Parkplatz Hochsteinhütte, 2023 m, 7 km, Maut.
Route: Hochsteinhütte, 2023 m – Böses Weibele, 2521 m, 1¾ Std. – Rotsteinberg, 2696 m, 3½ Std. – Abstieg im Wilfernertal zur Pedretscher Kaser, 1700 m, 2½ Std.; insgesamt, 7–8 Std., 800 Hm Auf- und 1000 Hm Abstieg.
Charakter: markiert, Ausdauer und Trittsicherheit erforderlich, großartiger Rundblick.

Von Lienz führt die Pustertaler Höhenstraße über Leisach in die Hangsiedlung Bannberg. Eine weiterführende Bergstraße endet beim Parkplatz, 10 Minuten unterhalb der Hochsteinhütte.

Zum Bösen Weibele (Abb. I) führt ein Weg am stattlichen Heimkehrerkreuz vorbei, ehe nach zwei Kilometern ein Steig auf teils versteinten Weidehängen und kammnahen Blockzonen zum unschwierigen Gipfel lenkt (Kreuz, Buch).

Wesentlich alpiner mutet der zur Vorderen und Hinteren Lavanter Spitze (2546 m, Steinmann) sich streckende Blockgrat an, der Trittsicherheit erfordert. Von diesen Gipfeln ist der gegen Nordwesten verlaufende Kamm über die Schönberglspitze bis zum Rotsteinberg überschaubar (Abb. II).

Gelegentlich weicht der aussichtsreiche Kammsteig ruppigen Blockstrecken zeitsparend aus, ohne sich weit vom Kamm zu entfernen. Die behäbige Schönberglspitze (2640 m) verwahrt ein Vermessungszeichen und einige Steinmänner. Weiter zum unscheinbaren Lavanteck reihen sich schräg geschichtete Kammfelsen, die überstiegen oder umgangen werden. Markanter erscheint der Schlaitener Kofel (2650 m), der eine saubere Gangart erfordert. Von diesem Gipfel schauen wir über die Schönbergl- und Lavanter Spitzen bis zu den Lienzer Dolomiten zurück (Abb. III).

Wir steigen vom Schlaitener Kofel 20 Minuten ab und nähern uns dem Rotsteinberg (Kreuz, Buch), der direkt oder am rechten Begrenzungsgrat zugänglich ist (Abb. IV).

Dort schauen wir in die Gipfelmitte der Defereggar Berge (Abb. rechts).

Der Abstieg erfolgt ohne Schwierigkeiten hinab zur Wilfernerlacke (2200 m, ¾ Std.). Weiter im grasigen Hanggelände zur Huber- und Pedretscher Kaser (1717 m) im Wilfernertal, wo eine Abholmöglichkeit besteht.

▸ Blick vom Rotsteinberg zum Bockstein (2805 m), zur Linken die Ohren- und Patersspitzen.

I

II

III

IV

Sichlsee, 2497 m, und Bockstein, 2805 m

Kultur und Natur im Kristeiner Tal

Anfahrt: Mittewald (Gemeinde Assling), 885 m – Kristeiner Tal, Fahbrücke, Parkplatz, 1551 m.
Route: Parkplatz Kristeiner Tal, 1551 m – Platzoller Schupfen, 2062 m, 1¾–2 Std. Von dort a) zum Sichlsee, 1½ Std., 946 Hm Aufstieg, b) zum Bockstein, 2½ Std., 1254 Hm Aufstieg.
Charakter: markiert, leicht, lohnend. Ab der Pustertaler Höhenstraße in Mittewald führt die Wanderung in eines der schönsten südseitigen Bergtäler der Defereggér Alpen: Grün und reich blühend im Sommer, mit kleinen und größeren Bächen aus den verborgenen Wasserschlössern hoch auf den Bergflanken. Im Herbst schimmert das Tal in rotgoldenen Farben.

An der bemerkenswerten gotischen Pfarrkirche zur hl. Justina in Mittewald vorbei, führt die Bergstraße zum höchstgelegenen Anwesen auf Vergein (1385 m). Ein Naturweg streckt sich in die Geborgenheit des Hochtals. An das Naturdenkmal Kristeiner Möser, ein Niedermoor, reihen sich umzäunte Mähwiesen mit Stadeln und sauberen Almhütten. Bei der Fahbrücke überschreiten wir den Kristeiner Bach, der etwas höher im Tal den Celarwasserfall aufnimmt, der mit gedämpftem Bass zu Tal stürzt. Mäßig steigend führt der Weg bis zur Jörgmairkaser im von Bergen begrenzten Tal und setzt sich als Steig auf der vom Kristeiner Bach tief eingekerbten Hangstufe zu den zwei Platzoller Schupfen fort.

Dort kann man zwischen zwei Zielen wählen: a) Zum eigenwillig geformten Sichlsee (Abb. I) schreiten wir auf den flach gebuckelten Königswiesen, zu Füßen der hoch und hart zugespitzten Arnhörner bergan. Es schließen daran Schuttfächer und alte Moränen an, bis man den in Stein gebetteten Sichlsee im höchstgelegenen Hangbecken erreicht.

b) Zum Bockstein lenken Pfadspuren über sehr steile Rasenflanken nordöstlich empor. Rast versprechende Haltepunkte sind der von einer Stirnmoräne eingekesselte Schwarzsee (2530 m, 1¼ Std.) und knapp vor der Bocksteinscharte das „winzige“ Biwak im Sichtbereich des Gölbners (Abb. II). Der dann bereits nahe Bockstein erlaubt auf der Westseite den Gipfelbesuch (¾ Std., Kreuz und mehrere Steinmänner).

Der frühe Morgen verklärt mit behutsamer Rötung Gumriaul und Gölbner (Abb. III) sowie die Arnhörner (Abb. IV).

▶ Die narbigen Flanken des Bocksteins in herbstlicher Färbung.

Anraser See, 2538 m, und Gumriaul, 2918 m

Ideal im Herbst, wenn die Berge ruhen

Anfahrt: Anras, 1260 m – Kobreil, 1510 m, begrenzter Parkplatz, Schranken.
Route: Kobreil, 1510 m – Anraser See, 2538 m, 3¼ Std. – Gumriaul, 2918 m, 1¼ Std.; insgesamt 4½ Std., 1430 Hm Aufstieg. Mit Fahrerlaubnis zur Waldgrenze (Pferch) 1½–2 Std. weniger.
Charakter: markiert, bez. 13, unschwierig. Kleine und große Bergseen leuchten wie blanke Spiegel zwischen den sanft gerundeten Hügeln und Kämmen hoch im Schoß des Gumriauls. Der Anraser See zählt neben dem Ascher See zu den größeren und gilt als beliebtes Ziel in sonniger Aussichtslage. Am schönsten sind diese Almbereiche im Frühling, wenn auf den Böden der Krokus blüht und die perlweißen Küchenschellen das große Apern einläuten. Das Grünen und Blühen hält bis in die Sommermitte an, ehe sich meist ohne erkennbaren Übergang die Hänge im Herbst bräunen und röten.

Anras – der Namen ist rätischer Herkunft – liegt an der Pustertaler Höhenstraße. Tafeln weisen in den hoch gelegenen, dünn besiedelten Weiler Kobreil in äußerst exponierter Lage. Ein Forstweg führt am dicht bewaldeten sonnseitigen Hang empor. Wo an der Waldgrenze (Pferch) lichte Lärchenkronen dunkle Fichten deutlich überragen, schließen mäßig geneigte Bergwiesen an, die ihr leichtes grünes Sommerkleid mit dem braun verbrämten Herbstrock getauscht haben.

Wir steigen neben einem die Agrargemeinden Anras und Ried trennenden, geradlinig emporziehenden robusten Zaun hinauf und schwenken nach einer halben bis Dreiviertelstunde Gehzeit links, westlich, über teils rippiges Gelände zur umzäunten, vom Gumriaul überragten Hirtenhütte (Abb. I). Wo die herbstlich, kraftlosen Matten nur noch genügsame Schafe nähren, gewinnen wir neben Bergsturztrümmern und tausendjährigen Moränen an Höhe. Noch einige kurz geschorene Rasenhügel, dann stehen wir am stein- und erdumrandeten Anraser See (¾–1 Std., Abb. II und rechts). Die ostseitige Flanke beherrscht der Finsterkogel. Noch 1¼ Stunden verlangen die zum Gumriaul auffahrenden, durchsteinten Hänge, belohnen aber mit weitreichender Sicht bis zu den von Wolken umbrandeten Lienzer Dolomiten.

Zum acht Meter hohen Gipfelkreuz (Buch) hält dann nichts mehr auf (Abb. III).

▶ Anraser See mit Finsterkofel. Die schon sommermüden Tage breiten ihr braunes Tuch über das ruhende Land.

Regenstein, 2891 m

Bergseengeheimnisse im Zwenewaldtal

Anfahrt: Nationalpark-Gemeinde Hopfgarten im Defereggen, 1107 m – Bloshütte, 1795 m, ca. 6 km, Taxi bis zur Zwenewaldalm, 1680 m.
Route: Zwenewaldalm, 1680 m – Bloshütte, 1795 m – Villgrater Joch, 2585 m, 2¾ Std. – Regenstein, 1¼ Std.; insgesamt 4 Std., 1100 Hm Aufstieg. Abstieg über Geigensee ins Zwenewaldtal, 3 Std.
Charakter: markiert, mittelschwer, Trittsicherheit und Ausdauer erforderlich. Der Abstieg zum Geigensee ist markiert, unschwierig und von Bergeinsamkeit geprägt. Ein Gefühl der Stille und Abgeschiedenheit vertieft sich bei der Rast am Ufer des Geigensees, der unter den 160 in Osttirol namentlich bekannten Bergseen zu den schönsten zählt.

Bei der Blosbrücke, westlich der Dorfmitte von Hopfgarten, windet sich der Forstweg die steile, 400 Höhenmeter messende Bannwaldstufe empor. Hochragende Fichten schließen sich dicht, dazwischen mächtige Lärchen mit festem Stand neben Fels und Abgrund. In kleinen Gesellschaften leuchten zartrosa blühende Zwergalpenrosen. Am Ende der langgestreckten Hochtalsohle wendet das Taxi im Bereich der Zwenewaldalm (1680 m). Zur Bloshütte (Abb. I) mit der etwas abseits stehenden Marienkapelle trennen nur wenige Wegkehren. Der alte Almsteig führt direkt dorthin. Mit der Absicht, den Regenstein zu überschreiten, wandern wir südwestlich in das zum Villgrater Joch ansteigende Bergtal. Hinter Zäunen weiten sich Mähwiesen beiderseits des umbuschten Baches, weiter oben bevölkern die sonnenbelichteten Berghänge zahllose zottig geballte Grünerlentuffs.

Nach 1½ Gehstunden wird das Gelände steiler und blockiger. Über gestaffelte Felsbänke streben wir halblinks dem Villgrater Joch zu (kleines Passkreuz). Hoch über dem Winkeltal nähern wir uns am Südwestkamm der Kugelspitze (2796 m, Abb. II), die südseitig umgangen wird.

Diesem Berg zu Füßen versteckt sich der in Halden eingeschlossene Pumpersee (2496 m) mit dem Großglockner als Zaungast (Abb. rechts).

In Richtung Regenstein (Abb. III) erwartet uns eine sanfte Kammstrecke, anschließend teils seilversicherte, steile Geröllrinnen und schließlich ein derber Blockgrat zum Gipfel (eigenwillig gestaltetes Kreuz, Buch).

Mit dem Abstieg zum Geigensee (2409 m) und zur unbewirtschafteten kleinen Glaurithütte (1 Std.) ist am Fenstersteig zurück ins Zwenewaldtal (2 Std.) eine interessante Rundtour möglich.

▶ Der Pumpersee, einer der einsamsten im gegen Norden, zum Großglockner hin offenen Zwenewaldtal.

Villgrater Berge

Die Villgrater Berge sind geologisch ein Teil der Deferegger Alpen und ähneln diesen auch in ihrer äußeren Erscheinung. Bemerkenswert sind die bekannt schönen Almdörfer, erbaut mit unverkennbarer Villgrater Zimmermannskunst. Inner- und Außervillgraten sind unabhängige Gemeindezentren. Vom geschichtlich reicheren Innervillgraten verbindet ein Fahrweg in das Almdorf Unterstaller- und zur Oberstalleralm mit 15 geräumigen Almhütten und der Schutzengelkapelle als religiösem Mittelpunkt. Nirgends schöner und nur wenige Tage nach dem abschmelzenden Schnee überschwemmen Krokusse – Blüte an Blüte – die umzäunten Anger auf der Oberstalleralm.

Hütteninformationen

Bonner Hütte, 2307 m
Geöffnet Anfang Juni bis Ende Oktober
25 Lager
schnellster Aufstieg von Toblach über Kandellen
Tel. 0039/ 349 94 28 264

Thurntaler Rast, 1975 m
Geöffnet Anfang Juni bis 10. Oktober und während der Winterzeit
20 Schlafplätze und 8 weitere in der nahestehenden Hofeletalmhütte
Tel. Tal 04843/5580,Tel. Hütte 04843/5243
E-Mail: info@thurntaler-rast.at

Unterstalleralm, 1664 m
Almgasthaus, geöffnet Pfingsten bis Mitte Oktober
Parkplatz im Hüttenbereich, Keine Nächtigungsmöglichkeit
Tel. 0664/7372 5658 oder 04846/6575

Oberstalleralm, 1883 m
Vermietung an Sommer- und Wintergäste
Tel. 04843/5194

Volkzeinalm, 1886 m
Geöffnet Mitte Mai bis Mitte Oktober
15 Betten, 12 Lager, Hüttentaxi, Gepäcktransport, Zufahrt im Winkeltal (11 km) erlaubt
Tel. 04843/20031
www.wanderhuette.at

▶ Die Oberstalleralm – eines der schönsten Almdörfer Osttirols. Um Muren und Lawinen zu bannen, wurde 1954 die Schutzengelkapelle erbaut.

Thurntaler Rundgang

Weg der Stille

Anfahrt: Außervillgraten, 1286 m – Thurntaler Rast, 1978 m, 8 km, Parkplatz. Oder mit der Einseilumlaufbahn von Heinfels zur Bergstation Gadein.
Route: Thurntaler Rast, 1975 m, oder Bergstation Gadein, 2089 m – Aststattlenke, 2332 m, 2 Std. – Thurntaler Rast, 1½–2 Std.; insgesamt 3½–4 Std., 354 Hm.
Charakter: markiert, bez. 10 b, leicht, landschaftlich anmutig.
Besonderheiten: Die erholsame, meditative Umrundung der Thurntaler Spitze (2407 m) ist vom zeitigen Frühling bis in den Herbst hinein möglich und empfehlenswert: vom Erwachen frühblühender Buschwindröschen bis zum die Vergänglichkeit des Sommers einmahnendem Lärchengold.

Ab Thurntaler Rast oder Bergstation Gadein nützen Wanderfreudige den bequemen Weg entlang der südseitigen Sonnenhänge der Thurntaler Spitze bis zur Äußeren Alpeggele-Hochalm (1¼ Std., Abb. I). Für viele endet der Ausflug bereits hier bei einer Jause.
Im weiteren Verlauf verengt sich der Weg zum Steig, der zwischen buschigem Wacholder, dem sogenannten Machandelbaum, und den silber strahlenden Sternen der Wetterdisteln sanft eingebettet liegt. Rasenhügel hüten einen flachen Tümpel (Abb. II), ehe bei der Aststattlenke der Übergang auf die Villgratener Seite erfolgt.
Nach einem leichten Gefälle und auf teils durchnässten, schmalen Hangterrassen halten wir bei der kleinen Tafine Hochalm inne. Die mit grau verwittertem Gebälk verstrebte einfache Hirtenhütte steht seit 100 Jahren auf der mageren Hutweide (Abb. rechts).
Auf talwärts neigenden, schütteren Baumwuchs tragenden Hängen wandern wir dem Nordgrat der Thurntaler Spitze zu, der die Gipfelschau bis zu den Hohen Tauern erweitert. Der Steig senkt sich in eine geräumige, locker bewaldete Hangbucht (Abb. III), wo das sprudelnde Gloderbachl neben einzelnen periodisch aus Moos und Erde sickernden Quellwassern Erfrischung bietet.
Den nun fast eben verlaufenden Steig umschließt dichter Wald mit einzelnen, vom Blitz skelettierten Baumriesen. Überdacht von Ast- und Strauchwerk steht die Schermhütte, die Schutz bei möglichem Gewitter bietet.
Noch eine kurze Weile durch nach Harz duftende Waldheimeligkeit, dann läuft der Waldweg auf Bergwiesen nahe dem Parkplatz aus.

▶ Die Tafine Hochalm lädt zur Rast in erholsamer Stille.

I

II

III

Großes Degenhorn, 2946 m

Seen und liebliche „Steingärten“

Anfahrt: Außervillgraten, 1286 m – Volkzeinalm(hütte), 1886 m, 11 km, Parkplatz.
Route: Volkzeinalm, 1886 m – Degenhornsee, 2713 m, 2¾ Std. – Großes Degenhorn, ¾ Std.; insgesamt 3½ Std.,1062 Hm Aufstieg.
Charakter: markiert, bez. 327, leicht bis mittelschwer, lohnend. Das wasser- und lawinengeschützte Gebiet um die Volkzeinalm ist bäuerlich bewirtschaftetes Almland. Die Gastwirtschaft und nahen Almhütten haben baulich noch viel von ihrer Ursprünglichkeit bewahrt und strahlen eine erholsame Gemütlichkeit aus. Bei der Almzufahrt beherrscht zunächst der Regenstein das Tal, später das Degenhorn am sich westlich aufbäumenden Talschluss.

Mit der Pkw-Anfahrt zur Volkzeinalm im Winkeltal gelangen wir mühelos in ein beliebtes Erholungsgebiet (Abb. I).

Wir lenken die Schritte zum nahen Talschluss, wo auf etwas überhöhter Hangstufe die Hainkarhütte steht (½ Std.). Weithin hörbar ist der silberhell aus der nächsthöheren Bergflanke niederstürzende Schrentebach (Abb. II).

In seiner aufbrausenden Stimme ordnen sich die mit ihm vermengenden Rinnsale kleinlaut unter. Darüber breitet sich der Schrenteboden (2368 m, 1¼ Std.) mit seinen glasklaren, stillen Tümpeln aus. Wollgras wiegt sich rhythmisch im Wind. Diesen Flecken Erde überbaut das Kleine Degenhorn mit schmal niederzüngelnden Schuttreisen.

Vorbei an den Mauerresten eines Stalles steigen wir auf einer felsdurchsetzten Hangkante hinauf in ein halb umschlossenes Kar mit einem seichten Tümpel auf lehmigem Grund. Er ist nur ein bescheidenes Vorspiel zum höher gelegenen, dunkel eingekellerten Degenhornsee (Abb. rechts).

Zu den nahen Nachbarn des Sees zählt die Hochleitenspitze (2877 m), deutlich distanzierter reihen sich weißgeschürzte Trabanten in der Venedigergruppe.

Ein etwas zersägter Grat verbindet vom Kleinen zum Großen Degenhorn. Überlegte Schritte sind hier angebracht (Abb. III).

Nur noch der steinige Schlusshang trennt vom Gipfel (Kreuz, Buch, Steinmann) mit weitreichender Aussicht. Direkt uns gegenüber entblößt die Hochgrabe die geheimnisumwitterte Wilde Platte. Den äußeren Rahmen bilden Arnhörner, Rappler, Gölbner und ganz rechts der Gumriaul.

▶ Der Degenhornsee mit der nahen Hochleitenspitze. Im äußersten Rahmen stellen sich (von links) die Simonyspitzen, Maurerkeesköpfe und der Großvenediger vor.

Bonner Höhenweg, Teil I

Höhe und Weite auf Osttirols westlichstem Grenzkamm

Anfahrt: Toblach/Kandellen, 1489 m – Golfental, 5 km, bis Abzweigung Seiterhof, Bergrast Hofer (Hausnr. 11), 1604 m, Parkplatz, Kapelle, Schranken.

Route: Bergrast Hofer – Bonner Hütte, 2307 m, 2½ Std., bez. 25 – Pfannhorn, 2663 m, ¾ Std. – Kalksteinjöchl, 2349 m, 2¼ Std. – Heimwaldjöchl (Röte), 2648 m, 1¾ Std. – Schwarzsee, 2455 m, 1¼ Std. – Hellboden, 2710 m, 1 Std. – Hochkreuz, 2739 m, 1½ Std. – Gsieser Törl, 2223 m, 1¼ Std., Abstieg nach Maria Hilf im Defereggen, 1427 m, 2¾ Std.; insgesamt 15 Std., ca. 2000 Hm im Auf- und Abstieg. Abstiegs- bzw. Ausstiegsmöglichkeiten am Kalksteinjöchl hinab nach Kalkstein, 1641 m, 2 Std., und beim Schwarzsee hinunter zur Unterstalleralm, 1670 m, 2¾ Std., im Villgratental. Rückkehr zum Ausgangspunkt vorher planen. Ab Innervillgraten oder Maria Hilf im Defereggen öffentliche Verkehrsmittel.

Charakter: extrem lange, Ausdauer erfordernde Tour, markiert, leicht, bez. 12, 329, ausreichend Trinkwasser mitnehmen! Beeindruckende Fernsicht. Nächtigung ist nur auf der Bonner Hütte möglich.

Die ab der Bergrast Hofer nur von Anrainern befahrbare Bergstraße übersetzt den Golfenbach (Talbach) und führt nach einer Stunde Gehzeit an einer vierstämmigen Fichte vorbei (Tafeln). Dort zweigt ein ziemlich steiler, kehrenreicher Karrenweg ab und führt hinauf zur Waldgrenze (2070 m, ¾ Std., Wassertrog). Auf von Zirben gesäumten Bergwiesen gelangen wir zur hoch am Berghang sichtbaren Bonner Hütte (Abb. I).

Ein viel Aussicht bietender Steig bahnt sich zur Hohen Rast (2458 m) und auf das Toblacher Pfannhorn (2663 m, Kreuz, Buch, Panoramatafel).

Nach Norden betrachten wir über seelenlosen ehemaligen Kriegsstellungen den Grenzkamm mit dem Verlauf des Bonner Höhenweges bis zum Heimwaldjöchl. Im Hintergrund berühren firnglänzende Venedigergipfel den leicht verschleierten Himmel (Abb. II).

Zum Pfanntörl (2511 m) steigen wir 20 Minuten ab. Das Gaishörndl wird ostseitig zur Gruberslenke (2487 m) und weiter zur Pürglers Lenke (2470 m) umwandert (Info-Harpfe). Auf etwas härterem Boden tauchen wir in eine Hangbucht ein, mit zerborstenem Viehstall und sanftäugigem, kleinen Tümpel. Ein Flankenpfad führt in die Geborgenheit des Hinteralpls (Hirtenhütte), kurz vor dem großflächigen Kalksteinjöchl mit Info-Harpfe und Wegweiser (Abb. rechts).

Dort wechselt der Bonner Höhenweg auf die Südtiroler Seite zum bereits sichtbaren

▸ Vorbei am Hinteralpl führt der Weg zum Kalksteinjöchl und weiter zum Heimwaldjöchl rechts des zerfurchten Heimwaldgipfels.

IV

V

VI

Bonner Höhenweg, Teil II

Beschauliche Kammwanderung hoch über dem Gsieser Tal

Heimwaldjöchl, das der mit Falten und Rinnen zerfurchte Heimwaldgipfel (2755 m, links) und der Rotlaner (2735 m, rechts) bewachen (Abb. Seite 141).

Vom Heimwaldjöchl hinab in den „Riepentrog" büßen wir fast 200 Höhenmeter ein und queren dann Rasenhänge, Rutschhalden und felsdurchsetzte Gräben mit sparsamen Rinnsalen. Noch trennen einige Rasen- und Felsköpfe vom Schwarzsee in einem stillen, mystisch anmutenden Bergwinkel, wohin auch der Hochgall über die Vordere Gsieser Lenke (Inneres Schartl, 2539 m) schaut (Abb. III, Seite 140).

Wo den Schwarzsee bergseitig ein Rinnsal speist, steigen wir zur Vorderen Gsieser Lenke (Inneres Schartl, 2539 m) an (25 Min.). Von dort ist nördlich auf breiten, weichen Matten der Anstieg zum Hellboden ein eher gemütliches Bummeln. Der höchste Punkt (Steinmann) wird knapp unterhalb, westlich passiert (Abb. IV).

Von dort steigen wir am zunächst steinigen, dann kurzrasigen Kammsteig zur Pfoischarte ab (¾ Std.). Südlich des Grenzkamms ruht zwischen niedrigen Rasenwellen das Pfoiseebl (2572 m).

Zum längst sichtbaren Hochkreuz (Abb. rechts) führt der Pfad zeitweise rechts des Grenzkammes, ehe wir mit dem von der Alpe Stalle zumündenden Steig über einen unscheinbaren Vorgipfel ans Ziel gelangen (Kreuz, Buch, Panoramatisch).

Ca. 10 Minuten nordöstlich vom Hochkreuzgipfel lenkt die Markierung hinab auf den blockbedeckten, vom Hochkreuz nordwestlich abstreichenden Hangrücken, den wir an tieferer Stelle nach rechts verlassen.

Wir betreten das Plankfeld, ein weitgehend glatt gekämmtes Gelände, das sich bis zum Gsieser Törl erstreckt. Gespenstisch wirken die im Hang vertieften Stellungen mit Erdgeruch zwischen dem trostlosen Gemäuer (Abb. V).

Vom Gsieser Törl (Passkreuz, Abb. VI) führt der Steig, bez. 329, entlang der Bergwiesen zur Lappachalm (1910 m) und dort im Waldschatten hinab nach Maria Hilf, wo der länderübergreifende Höhenweg im Defereggental endet.

Ergänzend sei angefügt, dass die Kavernen südseitig des Gsieser Törls nicht aus dem Ersten Weltkrieg stammen. Benito Mussolini hat sie um 1940 der Grenzbefestigung wegen erbauen lassen.

▶ Über sanft gerundete Kammhügel führt der Bonner Höhenweg vom Hellboden zum Hochkreuz auf dem zum Himmel angrenzenden Kamm.

Lasörlingkamm

Die Grenzen des von Ost nach West verlaufenden, ca. 20 Kilometer langen Lasörlingkammes bilden im Norden das Umbal- und Virgental, im Süden das Defereggen- und Trojer Almtal. Die Stirnseite im Westen wird vom Dabertal, die im Osten vom oberen Iseltal begrenzt.
Den Bergsteiger und Wanderer laden etwa 30 lohnende Gipfel ein, davon überragen neun die 3000-Meter-Grenze. Die gegen das Defereggental abgleitenden Hänge und Flanken sind überwiegend sehr steil, während gegenüber das Gelände mit Trogstufen sich sanfter ins Virgental absenkt. Bunt ist die Gesteinsvielfalt mit tief im Fels schlummernden Erzgängen. Schon im 16. Jahrhundert wurden teils gipfelnah Knappengruben angelegt und vorwiegend Kupfer und Antimon abgebaut. Von früher Erschließung bevorzugt war der westliche Lasörlingkamm. Dort ragt der Namensgeber der Gruppe, der Große Lasörling, aus dem Norden gesehen, wie eine Kirchturmspitze auf.

Hütteninformationen

Arnitzalm, 1848 m
Geöffnet von Mitte Juni bis Anfang Oktober
Tel. 04875/6339

Berger Seehütte, 2182 m
Geöffnet Juni bis Oktober
20 Schlafplätze
Tel. 04877/5115 oder 0664/4338 333
www.bergerseehuette.at

Lasnitzenalm, 1895 m
Geöffnet Ende Mai bis Ende Oktober
12 Betten, 8 Lager
Tel. 04877/5252 oder 5267

Lasörlinghütte, 2350 m
Geöffnet Anfang Juni bis Anfang Oktober
60 Schlafplätze
Tel. 04874/5285 oder 0664/9758 899
Gepäcktransport auf Anfrage
www.lasörlinghuette.com

Merschenalmhütte, 2248 m
Geöffnet während des Sommers

Reichenberger Hütte, 2586 m
OeAV-Sektion Reichenberg
Geöffnet Mitte Juni bis Ende September
20 Betten, 40 Lager
Tel. 04877/5136 oder 04873/5580
www.neuereichenbergerhuette.at

Wetterkreuzhütte, 2106 m
Geöffnet Anfang Juni bis Anfang Oktober
20 Betten, Familienwanderhütte, Hüttentaxi
Tel. 04874/5227
E-Mail: tschoner@aon.at

Zunigalm, 1846 m
Geöffnet vom 10. Juni bis 20. Oktober
16 Schlafplätze
Tel. 04875/6240

Zupalseehütte, 2342 m
Geöffnet Anfang Juni bis Anfang Oktober
25 Betten, 10 Lager
Tel. 04874/5227
E-Mail: tschoner@aon.at

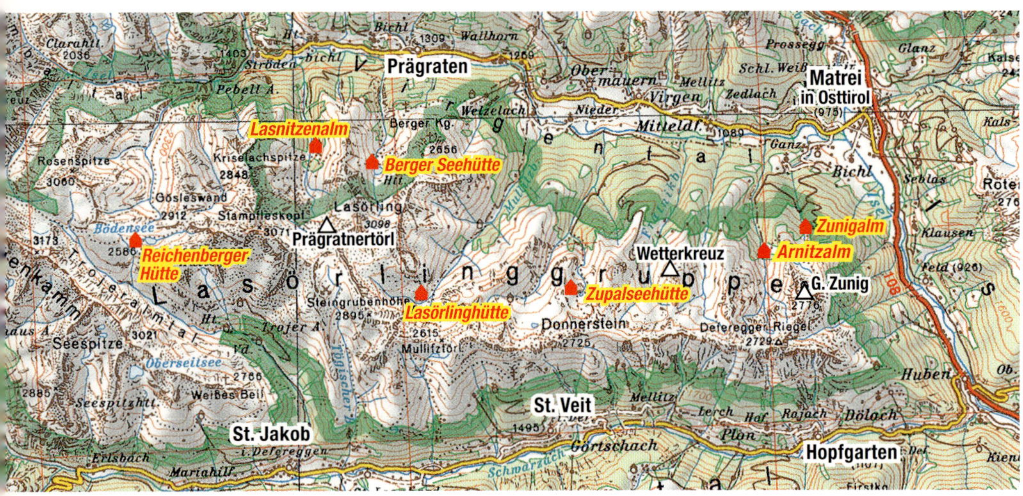

▶ Der hochgelegene Arnitzsee (2507 m) versteckt sich nordwestlich des Großen Zunigs.

I

II

III

Ratzeller Panoramaweg

Bergwiesen- und Schmetterlingsparadies

Anfahrt: Nationalpark-Gemeinde Hopfgarten/Döllach, 966 m – Ratzell, 1490 m, Bergstraße, 5 km, oder Kleinkabinenbahn – Glanzhof, 6,5 km, Parkplatz.
Route: Glanzhof – Rastplatz Wegscheid, 1980 m, 1¾ Std. – Glanzalm, 1975 m, ¾ Std. – Ratzell, 1 Std.; insgesamt 3½ Std., 485 Hm Aufstieg.
Charakter: markiert, leicht, überwiegend Bergwiesenlandschaft.
Besonderheiten: 300 der weltweit über 100.000 Arten der farbenprächtigen Tag- und Nachtfalter tummeln sich auf den Ratzeller Bergmähdern. Die Bergmahd war in Hopfgarten bis Mitte 1960 ein arbeitsintensiver Teil des bäuerlichen Daseins. Trotzdem wurde diese mit Mühen und Gefahren verbundene Arbeit in gewisser Hinsicht auch als Sommerfrische empfunden. Alle für die erforderlichen Tätigkeiten fähigen Familienmitglieder stiegen dann zu den hochgelegenen Almen auf und blieben bei karger Kost einige Tage, oft auch mehrere Wochen oben. Das in der Sonne getrocknete Heu wurde in Tragkörben oder verschnürten „Birlan" zu den Schupfen gebracht, die es damals sehr zahlreich gab. Heute ermöglichen die oft bis an die Vegetationsgrenze reichenden Wald- und Güterwege den Abtransport des Heus unmittelbar nach dem im Zweijahresrhythmus erfolgten Schnitt. Dieser passt sich heute der Geländegunst an und beschränkt sich auf kleinere Parzellen im Umfeld der stattlich ausgebauten Glanzalm.

Eine kurvenreiche Bergstraße erschließt die vier Bauernhöfe auf Ratzell, das um 1300 besiedelt wurde. Auf überaus steilen Hängen stehen die Häuser. Beim höchstgelegenen Glanzhof (Rosenbrunnquelle) beginnt auf vorerst leicht steigendem Weg die Wanderung nach Mösern, einer kleinen Feuchtwiese (1700 m). Am Pretterkofel (Abb. I) angekommen, kann man sich kaum mehr vorstellen, dass dort bis 1663 Roggen angebaut wurde.

Nun gibt es zwei Möglichkeiten: a) Der Apollosteig zweigt zu den drei Trögles Schupfen ab (¾ Std.). Dort führen Infotafeln des Nationalparks Hohe Tauern in die Geschichte der Bergwiesen und in die Vielfalt der Schmetterlinge ein.

b) Bergan führt ein Steig zu den Rastplätzen „Gern" und „Wegscheid", wo westlich ein Steig in die Fraktion Hof und östlich zur Glanzalm (1975 m) führt. Dorthin schreiten wir ohne nennenswerte Höhenunterschiede entlang der Bergwiesen aus (Abb. II). Die Glanzalm (Abb. III) lädt bis in spätherbstliche Tage ein. Zurück nach Ratzell führen ein Güterweg und abkürzend der alte Almsteig.

▸ Wo die Ratzeller Bergwiesen versteinen, sind wir dem Lasörlingkamm schon nahe. Eine beliebte Kammstrecke führt vom Zupalkogel (Griften) über den Donnerstein zum Speikboden (2653 m).

Kleiner, 2442 m, und Großer Zunig, 2776 m

In Täler und auf Berge schauen

Route: Nationalpark-Marktgemeinde Matrei/Ortsteil Bichl, 1036 m – Zunigalm, 1855 m, 2½ Std. – Großer Zunig, 2½ Std.; insgesamt 5 Std., 1740 Hm Aufstieg ab Bichl, 921 Hm ab Zunigalm.

Charakter: markiert bis zur Zunigscharte (2356 m), leicht, zum Gipfel Trittsicherheit erforderlich. Einige mit Drahtseilen versicherte Stellen am Kleinen Zunig. Wie ein Wachtturm ragt der Große Zunig an der östlichen Stirnseite des ca. 20 km langen Lasörlingkammes auf. Vom Gipfel genießen wir einen unerwartet schönen Blick über das vordere Iseltal bis in den Lienzer Raum. Drei von alten Moränen umbaute Hochgebirgsseen blinken wie helle Augen am Felsfuß des Großen Zunigs. Der auf unserer Route gelegene Zunigsee ist der bedeutendste. Der höchstgelegene ist der Arnitzsee, der sich westlich der hohen Zunigfelsmasse befindet, und der Feglitzsee ist der am wenigsten bekannte.

Bei der kunsthistorisch bedeutenden romanischen St.-Nikolaus-Kirche bei Bichl gelangen wir westlich zu der vom Weiler Ganz aufsteigenden asphaltierten Straße. Diese verlassen wir kurz danach auf dem links abzweigenden Forstweg. Auf ihm (Befahren auf eigene Gefahr), beim Bauernhof Wolsegger vorbei, im geschlossenen Hochwald zur bewirtschafteten Zunigalm empor (Abb. I).

Ein mit Alpenrosen dicht und mit Lärchen schütter bewachsener Berghang endet beim malerischen Zunigsee (2112 m, ¾ Std.), über dem mit steinerner Wucht der Große Zunig wie ein Wachtturm aufragt (Abb. II). Südöstlich ist am Ende des seicht gerundeten Hochtaltroges die Zunigscharte mit mannshohem Steinmann sichtbar (¾ Std.). Auf dem Weg dorthin kann am Steinerweg der Kleine Zunig mit halbstündiger Zugabe „mitgenommen“ werden.

Am Nordostgrat des Großen Zunigs erwartet uns leichtes Gehgelände, unterbrochen von mit Drahtseilen gesicherten Felsstufen. Großartig ist der Blick über den Kleinen Zunig hinweg auf das raumfüllende Gipfelmeer der Glocknergruppe (Abb. rechts). Diese Sicht genießen wir beim Gipfelkreuz (Buch, Abb. III), hoch über den Iselgründen.

▶ Dem Großen und doppelgipfeligen Kleinen Zunig gegenüber und vom Matreier Becken getrennt, dominiert die Glocknergruppe. Dieser herrlichen Panoramasicht wegen lädt der Große Zunig auch zu Sonnenaufgangstouren ein.

Lasörling-Höhenweg, Teil I

Almen und das Schattenreich des Waldes

Anfahrt: Nationalpark-Marktgemeinde Matrei/Ortsteil Bichl, 1036 m – Zunigalm, 1855 m, 2½ Std. – Arnitzalm, 1848 m, 1 Std. – Wetterkreuzhütte, 2106 m, 3–3½ Std. – Zupalseehütte, 2342 m, 1½ Std.; insgesamt 5½–6 Std., mäßige Höhenunterschiede.

Charakter: markiert, leicht. Eine durch Wald, Bergwiesen und Almen führende, abwechslungsreiche Wanderung. Einem Gemälde gleich wirkt die bizarre Fels- und Gipfelnachbarschaft der Virgener Nordkette jenseits des Virgentales. In das durch diese gipfelreiche Bergkette von rauen Nordwinden geschützte Virgental schauen wir vom Lasörling-Höhenweg aus mit stets sich wandelnder Perspektive wie mit den Augen des Adlers. Einer der Höhepunkte dieser Etappe ist der stille, von Grundquellen gespeiste Lackensee. Von dort ist zwischenzeitlich ein markierter Abstieg nach Mitteldorf im Virgental möglich (2½ Std.).

Westlich der Zunigalm (Abb. I, Seite 148) führt die Wanderung über das dicht umbuschte Zunigbachl und etwas später am Franz-Wibmer-Gedenkkreuz (Bank) vorbei. Bald darauf mündet der Waldsteig mäßig fallend in den Bärensteinweg ein und lenkt, nun mit dem von Matrei aufsteigenden Forstweg vereint, zum Arnitzbach und zu den gestaffelt am Hang stehenden Hütten der Arnitzalm (Abb. rechts).

Die weiterführende, vorerst leicht ansteigende Route setzt über einen mit Vogelbeersträuchern durchmischten Waldgraben, ehe wir auf umzäunten Bergwiesen einzelne Lärchenriesen bestaunen können, die an Alter alles hier geduldig Gewachsene bei weitem übertreffen. Am sanft abklingenden Nordkamm des Torkogels ist die vor uns liegende Route zum Grübl und zur Wetterkreuzhütte grob überschaubar (Abb. I).

Bei ähnlich bleibendem Landschaftscharakter überschreiten wir die Bergmähder, das sogenannte Farrach, später den Mitteldorfer Bach.

Noch gilt es den Nordkamm des Oberstkogels zu umwandern, mit verdienter Rast beim lehmig gebetteten Lackensee (2151 m, 2 Std.). Dann trennt nur noch der Frattniggraben, wo wir auf breitem Weg zur Rolleralm und schließlich zur Wetterkreuzhütte (½ Std., Abb. II) gelangen, die auf der baumfreien Hellen Höhe liegt (Taxiauffahrt von Virgen möglich).

Zur Zupalseehütte führt des Weges schönster Teil am Legerle nordseitig herum oder anspruchsvoller über den Gipfel (Abb. III). Die Zupalseehütte am Ufer des gleichnamigen Sees (Abb. IV) profitiert – wie der gesamte Weg – vom Anblick der firnglänzenden Venedigerberge.

▶ Die Hütten der Arnitzalm. Dahinter ragen die Firste der Virgener Nordkette steil ins Blau.

Lasörling-Höhenweg, Teil II

Schauen, Staunen, Genießen

Route: Zupalseehütte, 2342 m – Merschenalm, 2248 m, 1¼ Std. – Lasörlinghütte, 2350 m, 2 Std.; insgesamt 3¼ Std., mäßige Höhenunterschiede.

Charakter: Beliebtester Abschnitt der Höhenwanderung mit prachtvoller Sicht zum Großvenediger im Nationalpark Hohe Tauern (Abb. rechts) markiert, leicht, landschaftlich ansprechend. Überwiegend durchwandern wir Karböden auf hochgelegenen Hangterrassen mit interessanter Fels-Schutt-Flora. Den Blütenreigen führt der Gletscher-Mannsschild an, der mit unzähligen rosaroten Blüten im feuchten Feinschutt Fuß gefasst hat.

Besonderheiten: Diese zweite Etappe erlaubt auch einen bequemen Einstieg: mit dem Wetterkreuztaxi ab Virgen zur Wetterkreuzhütte (telefonische Voranmeldung erbeten unter 0664/455 3228). So überwinden wir mühelos einen Höhenunterschied von ca. 1000 Hm, womit diese Etappe auch Kindern zumutbar ist. Es lohnt sich, das zwischen Wetterkreuz- und Zupalseehütte aufragende Legerle (siehe Abb. III, Seite 150) zu besteigen.

Wir verlassen die Zupalseehütte (Abb. IV, Seite 150) und schreiten westlich dem ausklingenden Nordgrat (Grifte) des Donnersteins zu. Nachbarlich nah mit dem Speikboden (2653 m, Kreuz), zählt er zu den Hausbergen der Zupalseehütte und ist auf markiertem Steig unschwierig erreichbar.

Nördlich dieser bekannten Gipfel am Lasörlingkamm verläuft die Wanderung in den geräumigen Steinkastrog mit der kleinen Hirtenhütte am östlichen Trogrand (¾ Std.). Kleine Bäche entwässern gegen das Virgental und versprengte Tümpel säumen den fast eben verlaufenden Steig zur Merschenalm (½ Std., bez. 90, Abb. I).

Ein mit 90 B bezeichneter Steig durchquert den Steinkastrog an etwas höherer Stelle und lädt beim See im Grachten (2357 m) zum Verweilen ein. Deutlich oberhalb der Merschenalm streben wir der vom Großen Lasörling überragten Merschenhöhe (2499 m) zu, ehe gut 10 Minuten später der Kosachsattel erreicht wird (Abb. II).

Mit Blickkontakt zur Lasörlinghütte senkt sich der Steig, vorbei an kleinen Pfützen, in den Bereich der Gumpenlacke (2402 m) und zum Mullitzbach. Zur Lasörlinghütte (Abb. III) ist es nun nicht mehr weit.

Zum Lasörling-Nordgipfel (3098 m) bietet sich der leichtere Anstieg auf dessen Südseite an (3 Std.). Die von der Lasörlinghütte durch das Glauret führende Route ist der steinigste Teil des Höhenweges (Abb. I, Seite 154).

▶ Karsee mit Großvenediger – ein Bild, das sich am Lasörling-Höhenweg immer wieder einstellt.

I

II

III

IV

Lasörling-Höhenweg, Teil III

Drei Jöcher und vier Täler

Route: Lasörlinghütte, 2350 m – Prägratner Törl, 2846 m, 2 Std. – „Stampflestörl", 2753 m, 2½ Std. – Rote Lenke, 2794 m, 1½ Std. – Reichenberger Hütte, 2586 m, ½ Std.; insgesamt 6½ Std., 850 Hm Auf- und 740 Hm Abstieg.

Charakter: markiert, mittelschwer, sehr einsam und stellenweise alpin.

Bemerkenswertes: Der Wegabschnitt im Glauret lässt alte Bergbaugeschichten aufleben. Im 15. und 16. Jahrhundert blühte der Bergbau vor allem in Nordtirol, etwas verhaltener aber auch im Virgener Glauret. Heute nur mehr schwer nachvollziehbar ist die äußerst mühsame, gefährliche und nicht selten ertraglose Untertagearbeit der Bergknappen. Die Gruben und Stollen sind mit Schlägel und Eisen in der typischen Form der Schrämmstollen vorangetrieben worden. Vorwiegend hat man auf Kupfererze und Kupferkies geschürft, aber auch Zinkerze und silberhaltige Fahlerze sind aufgetreten. Heute sind die Stollen und Mundlöcher verfallen, eine verschüttete Geschichte aus lang verflogener Zeit.

Nordwestlich der Lasörlinghütte breitet sich das Glauret, ein ehemaliges Schürf- und Bergbaugebiet, aus. Fast 2,5 Kilometer wandern wir auf erzträchtigem Boden und über lose hingestreutes Gestein (Abb. I).

Im bergseitigen, obersten Glauretwinkel weisen Tafeln zum Großen Lasörling und halb links auf engen Kehren zum unscheinbaren Glauretschartl (Abb. II).

10 Minuten später schauen wir vom Prägratner Törl zum Stampfleskofel mit Mittel- und Nordgipfel und ferner zur formschönen Rötspitze (Abb. III).

Auf plattigem Schutt und einem Rinnsal zur Seite steigen wir auf einer langgestreckten Hangrampe in das obere Lasnitzental ab. Der Höhenweg lenkt mit einer scharfen Wendung um den Nordostgrat des Nördlichen Stampfleskofels und quert teils seilversichert dessen Nordseite. Noch über ein grobes Blockkar, dann erreichen wir den beschrifteten Stein am Nordgrat des Stampfleskofels. Diesen Übergang nennen wir mangels offiziellen Namens „Stampflestörl".

Dort geht es hinab auf den Kleinbachboden (2514 m, ½ Std., Abb. rechts), aus dessen spröder Schönheit muntere Bäche in das Kleinbachtal entweichen. Fern im Maurer Tal reihen sich Eis tragende Gipfel von den Maurerkeesköpfen bis zum Großen Geiger und Großen Happ (rechts).

Bei mittlerer Steilheit erreichen wir in einem geologisch interessanten Hochtälchen die Rote Lenke, die kühn von der Gößleswand (2912 m) überbaut wird (Abb. IV).

Bei der Reichenberger Hütte am dunkelblauen Bödensee kehren wir wohlig ermüdet ein (Abb. I, Seite 156).

▶ Vom Lasörling-Höhenweg am Kleinbachboden ist das weit offene Maurer Tal gut einsehbar.

Lasörling-Höhenweg, Teil IV

Ausklang am Tor zur Venedigergruppe

Route: Reichenberger Hütte, 2586 m – Daberlenke, 2631 m, 1 Std. – Clarahütte, 2038 m, 2¾–3 Std.; insgesamt 4 Std., 130 Hm im Auf- und ca. 700 Hm im Abstieg. Abstieg im Umbaltal am Wasserschaupfad zur Pebell- und Islitzer Alm (Gaststätten); insgesamt 5 Std., ca. 50 Hm im Auf- und 1150 Hm im Abstieg.

Charakter: markiert, leicht bis mittelschwer, eindrucksvolle Landschaftsvielfalt. Von bleibendem Eindruck ist die einstündige Wanderung entlang der leicht kupierten Sentenböden bis zur Daberlenke. Aneinandergereihte Beete voll wunderbar aromatisch duftender Blüten des Blauen Speiks schließen sich zu einem wahren Meer, begrenzt von den schroffen Flanken des Panargenkammes mit dem alles überragenden Keeseck. Aus dieser Weite und Farbenpracht kommt man in das nun umso enger erscheinende Dabertal, das sich zum Tobel schließt, ehe der Daberbach zwischen nacktem Steilfels und Erlengestrüpp seine aufpeitschenden Fluten in das Keeswasser der jungen Isel taucht.

Westlich der Reichenberger Hütte (Abb. I) breiten sich die Sentenböden mit streng sich begegnenden unterschiedlichen Gesteinen aus. Auf den leicht gewellten, sehr kühlen Böden ruhen flache Tümpel, die das Spiegelbild der See- und Alplesspitze am Panargenkamm festhalten (Abb. II).

Am Rudolf-Tham-Weg durchschreiten wir die Sentenböden bis zur Daberlenke (Abb. III).

Sie ist Wasserscheide und Nahtstelle der völlig gegensätzlichen Gebirge Lasörlingkamm und Venedigergruppe. Westlich des Überganges liegt, vom spärlichen Daberkees genährt, der milchtrübe Dabersee, den eine grobblockige Seitenmoräne begrenzt. Diese Moräne und später dem Leitbach zur Seite steigen wir an einer verschlossenen Jagdhütte vorbei in das Dabertal ab (Abb. rechts). Teilweise heikle Steigabschnitte können bei Schnee gefährlich werden. Auf den sehr steil zur Schlucht geneigten Flanken erreichen wir die von Grünerlen dicht bedrängte Talmündung im Bereich der Iselbrücke. Wir steigen 10 Minuten zum Lessensteig an und erreichen taleinwärts die Clarahütte im Umbaltal (½ Std.).

Der Isel zur Seite steigen wir an der orografisch linken Talseite ab und kommen an der Ochsnerhütte (1933 m) vorbei. Nun wechseln wir ans rechte Ufer. Entlang von Hängen, an denen unerwartet Ribisel und andere Beerenfrüchte gedeihen, geht es hinab zur Blinigalm. Es folgt der eigentliche, viel bewunderte Wasserschaupfad bis zu den grüngebetteten Almen im Talschluss. Dort schätzen wir eine Pferdekutsche, die den noch halbstündigen Fußmarsch zum Weiler Ströden verkürzt.

▶ In das schmal gekerbte Dabertal schauen der Steingrubenkogel und der Quirl (rechts).

Venedigergruppe

Die Venedigergruppe liegt mit noch relativ starker Gletscherbedeckung in den westlichen Hohen Tauern. Nördlich wird die Venedigergruppe vom Salzachtal begrenzt, in dessen Niederungen die meist nordwärts gerichteten Venedigertäler münden und deren reißende Gebirgsbäche und zum Teil herrlichen Wasserfälle (Krimmler Ache) entwässern. Des Wassers Speicher sind die großen Gletscherdächer, die im zentralen Venedigerstock sich der starken Abschmelzung noch am ehesten widersetzen. Der südliche Teil der Venedigergruppe lässt sich in sieben Hütten- und Tourengebiete einteilen, die durch großteils gut instand gehaltene Höhenwege verbunden sind.

Die Grenzen dieser bekannten Naturlandschaften und der vielen mit Eis und Schnee bedeckten Gipfel bilden das Virgental im Süden und im Osten das tief eingeschnittene Tauerntal. Der Markt Matrei und die Bergsteigerdörfer Virgen und Prägraten sind eng mit dem Großvenediger verbunden, der als dritthöchster Gipfel Österreichs auch der Stolz des Nationalparks Hohe Tauern ist.

Das innere Virgental endet am Fuß der weißen Berge. Die von alters her bekannten südlichen Zugänge zum Eispulk des Großvenedigers und seiner bedeutenden Nachbarn führen zu wahren Schatzkammern. Naturkundler schätzen die wunderbare Flora und reiche Fauna, deren besonderer Stolz die jährlich vom Nationalpark Hohe Tauern freigesetzten Bartgeier sind.

Hütteninformationen

Badener Hütte, 2608 m
OeAV-Sekt. Baden NÖ
Geöffnet 1. Juli bis 15. September
15 Betten, 41 Lager, Winterraum mit 10 Schlafplätzen
Tel. 0664/9155 666
E-Mail: badenerhuette@surfsat.at

Bonn-Matreier Hütte, 2750 m
OeAV-Sektion Matrei und DAV-Sektion Bonn
Geöffnet Mitte Juni bis Ende September
20 Betten, 40 Lager, Winterraum, Materialseilbahn
Tel. 04874/5577 oder 0676/6488 788

Clarahütte, 2038 m
DAV-Sektion Essen
Geöffnet Anfang Juni bis Ende September
25 Schlafplätze
Tel. Hütte 0664/9758 893
www.clarahuette.at

Defreggerhaus, 2962 m
ÖTK
Geöffnet Ende Juni bis Ende September, für Skitourengeher im Frühjahr auf Anfrage wochenends geöffnet
95 Schlafplätze, Materialseilbahn für Gepäcktransport
Tel. Tal 04875/6110 oder Tel. Hütte 0676/9439 145
E-Mail: defreggerhaus@aon.at

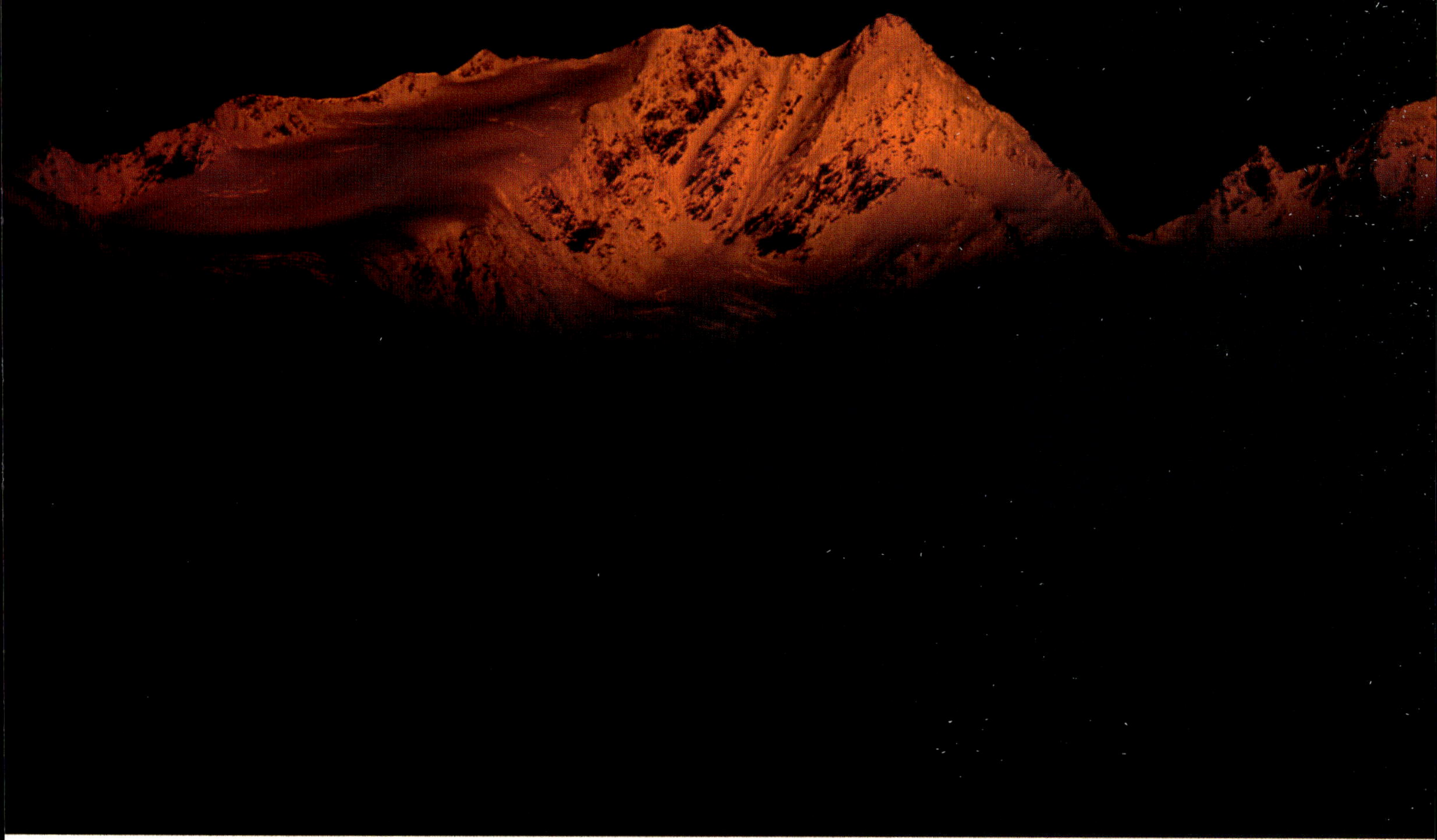

Schöner kann ein Tag nicht beginnen: Ein stilles, rotgoldenes Licht senkt sich vom Malham-Mittel- und Nordgipfel in das noch halbdunkle Virgental.

Eisseehütte, 2521 m
Geöffnet Mitte Juni bis Anfang Oktober, Mitte März bis Ende April
40 Schlafplätze, Materialseilbahn
Tel. Tal 04877/5323 oder Tal Hütte 0664/460 6459
www.virgentaler-huetten.at

Essener und Rostocker Hütte, 2208 m
DAV-Sektion Essen
Geöffnet März bis Mitte Mai und 20. Juni bis Ende September
120 Schlafplätze, Materialseilbahn – Gepäcktransport
Tel. 04877/5101 oder 0664/468 3207
www.essener-rostocker.at

Johannishütte, 2121 m
DAV-Sektion Oberland
Geöffnet Anfang März bis Mai und von Mitte Juni bis Anfang Oktober
50 Schlafplätze
Tel. 04877/5150 oder 5387
Venedigertaxi ab Hinterbichl
www.johannis-huette.at

Neue Sajathütte, 2575 m
Geöffnet Mitte Mai bis Ende Oktober
31 Betten, 16 Lager, Seminar- und Kletterraum, Seilbahn für Personal- und Gepäcktransport
Tel. Tal 04877/5369 oder Tel. Hütte 0664/5454 460
E-Mail: kratzer@sajathuette.at

Neue Niljochhütte, 1975 m
Geöffnet 8. Mai bis 31. Oktober, im Winter am Wochenende
30 Schlafplätze
Tel. Hütte 0676/9563 288
www.nilljochhuette.com

Philipp-Reuter-Biwak, 2692 m
DAV-Sektion Essen
Selbstversorgerhütte, 10 Lager, Kochstelle

Venedigertaxi Kratzer
Prägraten am Großvenediger
Tel. 04877/5369
E-Mail: www.huettentaxi.at

I

II

III

Venediger-Höhenweg, Teil I

Im Reich der Iselquelle

Anfahrt: Nationalpark-Gemeinde Prägraten am Großvenediger, 1310 m – Hinterbichl – Ströden, 1403 m, 4,3 km, Parkplatz.
Route: Ströden, 1403 m – Pebell- und Islitzeralm, 1513 m, ½ Std. (oder Pferdekutsche) – Clarahütte, 2038 m, 2¼ Std. (Wasserschaupfad) – Gletscherweg Umbalkees, 1¼ Std. – Reggentörl, 3047 m, 2¼ Std. – Essener und Rostocker Hütte, 2208 m; insgesamt ab Clarahütte 5½–6 Std., ca. 1000 Hm Auf- und 850 Hm Abstieg.
Charakter: hochalpin, Bergerfahrung erforderlich. Bei schwierigen Bedingungen am Reggentörl empfiehlt sich die Umgehung im Maurer Tal.

Von der Pebell- und Islitzeralm gelangen wir am Wasserschaupfad in das Umbaltal, das die Rötspitze wirkungsvoll überbaut. Die Clarahütte (siehe Seite 174) steht am Beginn des großartigen Höhenwegabenteuers. Am Gletscherweg verlassen wir die Clarahütte und wandern dem Talschluss entgegen (Abb. I). Wir überschreiten nach einer halben Stunde die Isel. Auf der orografisch rechten Bachseite erreichen wir einen quer gestellten Felsriegel, mit rund gebuckelten, wellig gemaserten Blockstufen, die wir an bezeichneter Stelle überschreiten. Versandeter Grund und ein flacher, grün-trüber Eissee lagern im Vorfeld des Umbalkeeses mit längst eingestürztem Gletschertor (2500 m, Abb. II).
Wir stehen an der Iselquelle, hoch darüber ist zwischen dem zierlichen Reggenspitzl und dem jäh auffahrenden Nördlichen Malham das Reggentörl sichtbar (Abb. II).
Am Umbalkees steigen wir so weit an, bis der Felssockel der Ader umgangen und der zum Reggentörl ansteigende Gletscher betreten wird. Grobes Geröll bedeckt diesen Gebietsteil. Wir bleiben am rechten Gletscherrand und gelangen bei mäßiger bis mittlerer Steigung zum Reggentörl. Dort, im Angesicht der Rötspitze, sollten wir uns eine Rast gönnen (Abb. rechts).
Im Abstieg östlich gegen das Maurer Tal steigen wir vorerst auf einen schmalen Firnboden ab (Spalte) und dann links der Gletschermitte tiefer. Vor der steil abbrechenden Felsstufe im unteren Gletscherbereich streben wir rechtshaltend der Flanke des Malham-Ostgrates zu (1¼ Std.). Allmählich entwickelt sich, leicht abgesetzt, die rechte Seitenmoräne des Simonykeeses (Abb. III). Wir folgen dem Steig am Moränenkamm und weichen später rechts auf mit Wundklee gemusterte Grashänge aus, ehe wir die Essener und Rostocker Hütte (1 Std.) erreichen.

▶ Bis zum Reggentörl schauen uns die weißgekleidete Rötspitze und die felsstrotzende Daberspitze nach.

Venediger-Höhenweg, Teil II

Eisgipfel schauen zum Türmljoch

Route: Essener und Rostocker Hütte, 2208 m – Türmljoch, 2772 m, 2½ Std. – Johannishütte, 2116 m, 2 Std.; insgesamt 4½ Std., 564 Hm Auf- und 651 Hm Abstieg.
Charakter: markiert, leicht, lohnend. Völlig eisfrei ist der Übergang aus dem Maurer in das Dorfer Tal. Bei gutem Sommerwetter ist diese Tour mit prachtvoller Aussicht und Gletscherschau für Jung und Alt empfehlenswert. Das am Türmljoch keck aufragende Türml ist mit entsprechender Ausrüstung auf einer versicherten Route für Geübte ersteigbar.

Von den im Windschatten der großen Moräne stehenden Schutzhütten gehen wir eine knappe halbe Stunde in das obere Maurer Tal. Sehenswerte Gletscherschliffe (Abb. II, Seite 176) lagern neben dem Steig und beim kräftigen Maurer Bach (Brücke) bis hin zum stillen Strödacher Winkel. Dort führt der Schweriner Weg am Südwesthang des Kleinen Geigers empor (1 Std.).

Vom Gletscher gehobelte Felsparkette wechseln mit breit gestreuten Schuttfeldern, garniert mit furchtlosen, zartrosa blühenden Soldanellen zwischen hell besonnten Blöcken. Mit dem Reggentörl im Rücken (Abb. I) erreichen wir das Türmljoch (Steinmänner), das die Westliche und Östliche Simonyspitze mit ihren charakteristischen Schneehauben überragen (Abb. rechts).

Ostseitig senkt sich der in Schleifen angelegte Steig gegen das Dorfer Tal, überstrahlt vom Rainer- und Mullwitzkees (Abb. II).

Steinmänner weisen die Richtung auf erdbraunem Steig und auf hartem, mit Gras umfassten Gestein (Abb. III).

In einer letzten langen Serpentine erreichen wir den Talboden und den Dorfer Bach. Dort sollten wir nicht versäumen, von der Naturbrücke aus in die tiefgewundene, von Kolken bzw. Strudeltöpfen ausgeschliffene Bachschlucht zu schauen. Nur wenigen Minuten des Staunens stehen ca. 20 Millionen Jahre unaufhaltsame Arbeit des im reißenden Wasser wirbelnden Gerölls gegenüber. Ein Stück talauswärts wird der Dorfer Bach durch die E-Wirtschaft etwas geschwächt. Wir überschreiten noch den Zettalunitzbach und nähern uns der Johannishütte, deren teils alte Bausubstanz harmonisch in den Neubau integriert wurde. So ist noch etwas aus der Gründerzeit der Hütte und von den Pionierleistungen um den Großvenediger zu spüren (Abb. IV).

▸ Die das Maurer Tal beherrschenden Simonyspitzen erinnern an das Alpinisten-Brüderpaar Simony.

Venediger-Höhenweg, Teil III

Vom Dorfer ins Timmeltal

Routen: a) Johannishütte, 2121 m – Zopetscharte, 2951 m, 2½–3 Std. – Eisseehütte, 2521 m, 1¼ Std.; insgesamt 4 Std., 835 Hm Auf- und 430 Hm Abstieg.
b) Johannishütte – Sajatscharte, 2750 m, 2¾ Std. – Sajathütte, 2575 m, ½ Std. – Eisseehütte, 2½ Std.; insgesamt 5½–6 Std., 640 Hm Auf- und 175 Hm Abstieg.

Charakter: Variante a) verbindet die Hütten auf direktem Weg, Variante b) ist länger und anspruchsvoller, landschaftlich besonders eindrucksvoll. a) markiert, leicht bis mittelschwer, bei Schnee Vorsicht! b) markiert, mittelschwer, nur bei schneefreier Jahreszeit empfehlenswert.

Es bieten sich zwei verschiedene Möglichkeiten bis zur Eisseehütte an: a) Nahe der Johannishütte setzt der teils erdige Kehrensteig auf einem jäh aufsteigenden Berghang an. Bei der scharf hervortretenden Zopetkante (2350 m) öffnet sich ein schmales Gatter auf ein weiterhin ziemlich steiles, von Rinnsalen durchrieseltes Bergwiesengelände. Nach einer Stunde schwenken wir bei der Steiggabel links zur östlich gelegenen Zopetscharte. Am Venediger-Höhenweg durchschreiten wir ein mäßig steiles Hochtälchen auf feinsplittrigem Grund mit stark verwittertem Glimmerschiefer und Hornblende. Mit zunehmender Höhe werden die Steigkehren enger und zahlreicher bis hin zur Zopetscharte (Abb. I).

In unserer Marschrichtung beherrscht die Weißspitze (3300 m) das Timmeltal. Auf seilversicherten Kehren, dann in Schleifen auf der Schutt- und Rasenhalde gelangen wir zum mehrfach verästelnden Timmelbach (2555 m, ¾–1 Std.). Zur Eisseehütte umschreiten wir noch einen Fels-Rasenhügel.

b) Zunächst wie bei a) beschrieben zur Steiggabel (1 Std.). Dort wandern wir am Sajat-Höhenweg im kupierten Bergwiesengelände und über lebhafte Bäche dem Schernerskopf entgegen. Am 1989 erbauten Steig erreichen wir das Schernersbankl mit luftiger Aussicht auf nahe Gipfel und auf das 600 Höhenmeter tiefer gelegene, schmal gekerbte Dorfer Tal. Streckenweise ist der die steilen Flanken querende Steig seilversichert, ehe abschließend auf kurzen Kehren die exponierte Sajatscharte erreicht wird (1¾ Std., Bank, Abb. II).

Der Abstieg von der Scharte (im Bild III ganz rechts) zur Sajathütte (Abb. III) erfolgt zu Füßen der Roten Säule. Am Prägratner Höhenweg gelangen wir von der Sajathütte in das Timmeltal. Dort im Garnitzenkar einige Kehren ansteigen und schließlich über den Timmelbach zum Ziel.

▶ Wo wir uns von Quirl und Malham (rechts) verabschieden, umschreiten wir den Vorderen Sajatkopf und gelangen am Prägratner Höhenweg in das Timmeltal.

Venediger-Höhenweg, Teil IV

Den Eichamstock halb umrunden

Route: Eisseehütte, 2521 m – Bonn-Matreier Hütte, 2750 m, 3½–4 Std. – Badener Hütte, 2608 m, 5–6 Std.; insgesamt 10 Std., 900 Hm im Auf- und ca. 800 Hm im Abstieg.
Charakter: bis zur Bonn-Matreier Hütte leicht, markiert. Übergang über die Galtenscharte (2882 m) zur Badener Hütte sehr alpin. Nur bei sicherem Wetter und schneefreier Jahreszeit. Bergerfahrung ratsam.

Wir verlassen die Eisseehütte auf der linken, östlichen Hangseite des Timmeltales. Die auslaufenden Grate vom Großen Hexenkopf und Hohen Eicham sind unschwierig überschreitbar. In den dazwischen eingenisteten Karen und Buchten sind die ins Timmeltal entweichenden Bäche das einzig Unruhige in der stillen Landschaft. Auf steinernen Treppen und kurzzeitig seilversichert umschreiten wir die Wunwand in 2500 Meter Seehöhe. Der Venediger-Höhenweg bevorzugt dann die Sonnseite des Virgentales und führt oberhalb der einsamen Wunalmen dem Budamer Trog entgegen. Da bleibt noch etwas Steigung zum kurzrasigen Eselsrücken (2663 m, 2¾–3 Std.).

Weit offen liegt das Große Niltal vor uns, in das wir auf 15 engen Kehren absteigen. Zwischen Blöcken setzen wir am Sandboden über den schmächtigen Abfluss aus dem Nilkees, ehe wir mit dem zumündenden Talweg zur Bonn-Matreier Hütte auf der Ader ansteigen (¾–1 Std., Abb. I).

Wer kann, wird hier den Tourentag ausklingen lassen und erst im erwachenden Morgenlicht die nächste, bei weitem schärfere Etappe angehen. Sie erfolgt auf steinigem Pfad bis hin zur beidseitig versicherten Kälberscharte (2791 m), ein „Nadelöhr“ im Raukopf-Südgrat. Auch der Blockhang zur Galtenscharte im Abschluss des Kleinen Niltales weist Seilversicherungen auf, (1 Std., Kammkreuz, Abb. II).

Neben der Sicht auf schmutzig-graue Keesreste und unberührte Kare der Hexenköpfe gilt das Augenmerk dem 600 Höhenmeter messenden, teils versicherten Abstieg zum Mailfrosnitzbach (Brücke) am Galtenboden (2285 m, 1½ Std.). Wir queren im Anschluss auf 2250 Meter Seehöhe die Rasenhänge der Hohen Achsel von Süd nach Nord, bis zum Kleinsee (2225 m, Abb. III) und zur Einbindung des Talweges aus dem Frosnitztal.

Spürbarer ansteigend passieren wir Moränen neben den kräftigen Abflüssen aus dem Frosnitzkees (Brücke). Noch über die große Seitenmoräne aus dem Jahr 1850, dann ist der Weg frei zur Badener Hütte hoch im Frosnitztal.

▶ Badener Hütte mit Wildenkogel.

I

Venediger-Höhenweg, Teil V

Im schönsten Talschluss der Ostalpen

Route: Badener Hütte, 2608 m – Löbbentörl, 2770 m, 1 Std. – Innergschlöss, 1689 m, 3 Std. – Matreier Tauernhaus, 1512 m, 1 Std. (Gletscherlehrpfad Innergschlöss); insgesamt 5 Std., ca. 200 Hm Aufstieg, ca. 1260 Hm Abstieg bis zum Matreier Tauernhaus.
Charakter: markiert, leicht bis mittelschwer, landschaftlich einmalig.

II

III

Der Badener Weg führt anfänglich über rasenbedeckte Rücken, dann zwischendurch entlang seilversicherter Felspassagen, bis wir auf einem Haldensteig in zehn Minuten zum Löbbentörl ansteigen. Ein Felsklotz schützt das Kreuz am Löbbentörl vor Sturm, das dem Andenken der am Berg und in den beiden Weltkriegen Verstorbenen gewidmet ist (Abb. I).

Hier halten wir inne und lassen die staunenden Augen über den weißen Faltenwurf der Venedigerberge gleiten. Hoher Zaun und Schwarze Wand beherrschen die Gletscherpracht. Am nordseitigen Geröllhang steigen wir vorerst steil ab (kurzes Fixseil). Mehrmals wechseln kurze versicherte Blockstufen und Altschnee. Nach 50 Minuten betreten wir die von der Kristallwand dunkel überbaute, markante Seitenmoräne des Schlatenkeeses (Steinmänner, Abb. II).

Auf 2300 Meter Seehöhe verlassen wir die „1850er Moräne" nach rechts auf eine begrünte, wesentlich ältere Randmoräne (Abb. rechts).

Nun wird das Schlatenkees zur Gänze überschaubar und auch der ungeheure Eismasseverlust der vergangenen 150 Jahre (Abb. III). Wunderbare Raststellen erwarten uns beim lieblichen Gottesauge und knapp darunter beim samtig herbstbraun gebetteten Salzbodensee (2137 m).

Hinab ins Gschlöss trennen noch fast 500 Höhenmeter auf zahllosen bequemen Stein- und Rundholzstufen mit Seilgeländer im Steilbereich. Mit dem Dröhnen des Schlatenwasserfalles im Ohr wandern wir neben dem begradigten, von Erle und Birke begrenzten Bach zum traditionell geführten Venedigerhaus Innergschlöss (Abb. I, Seite 98), wo der ermüdete Höhenwanderer für den Weg zum Matreier Tauernhaus zwischen Taxi und Pferdekutsche wählen kann. Zurück zum Ausgangspunkt mit Taxi oder öffentlichen Verkehrsmitteln.

▶ An der scharf gezeichneten Seitenmoräne ist der Gletscherhochstand von 1850 gut erkennbar. Auch wenn wir in diesem Talschluss einen großen Eismasseverlust beklagen, bleibt immer noch ein fantastisches Bild, das Hoher Zaun (links) und Schwarze Wand krönen.

Großvenediger, 3666 m

Österreichs dritthöchster Gipfel

Anfahrt: Nationalpark-Gemeinde Prägraten am Großvenediger, 1310 m – Hinterbichl – Johannishütte, 2121 m. Zufahrt mit Venedigertaxi oder zu Fuß 2 Std. ab Schranken.
Route: Johannishütte, 2121 m – Defreggerhaus, 2962 m, 2¼ Std., 846 Hm – Großvenediger, 3 Std., ca. 720 Hm; insgesamt 5¼ Std., ca. 1570 Hm.
Charakter: Gletscherstrecke, technisch unschwierig, trotzdem Bergerfahrung und Gletscherausrüstung notwendig.
Besonderheiten: Die bergsteigerische Erschließung des Gipfels leitete 1828 Erzherzog Johann ein. Die Erstersteigung erfolgte am 3. 9. 1841, angeführt von Paul Rohregger, Revierförster vom Bramberg, mit Ignaz von Kürsinger, Anton von Ruthner u. a.

Von Hinterbichl führt eine Werkstraße zum Serpentin-Steinbruch im Dorfer Tal (Parkplatz, Schranken). Auch weiter im Talinneren wird der dunkelgrün geäderte Nutzstein abgebaut. Dort übersetzt die Naturstraße den Dorfer Bach, führt an der Moaferalm vorbei und in spitzwinkeligen Kehren zum Gumbachkreuz empor. Im vom Gletscher gerundeten Hochtaltrog erreichen wir die Ochsnerhütte und schließlich die Johannishütte nahe dem Zettalunitzbach (Abb. I).
Im weiteren Aufstieg überschreiten wir den ungestümen, vom Zettalunitzkees kommenden Wildbach und gewinnen am Mullwitzrücken auf Felsbänken und alten, von gelbem Wundklee überblühten Moränen an Höhe. Wo der Wind kühl vom sämig glänzenden Kees her weht, passieren wir den Walischen Stoan (2650 m) am Rande eines flachen Eistümpels. Hoch am steinigen Hang und dem Mullwitzkofel gegenüber grüßt das Defreggerhaus (Abb. II).
Das zum Großvenediger aufsteigende Rainerkees betreten wir 25 Minuten oberhalb der Schutzhütte. Das anfänglich relativ flache Kees (schmale Spalten) streckt sich zur Gletschermitte und bietet dort den Blick in große und tiefe Spalten (Abb. III).
Deutlich sind die von Jahresniederschlägen abhängigen Eisschichtungen sichtbar. Tiefliegende glasig-grüne Zonen stammen von Schneefällen vor 800 Jahren. Etwas steiler ist der Anstieg hinauf zum Rainer Törl (3422 m) rechts des Großvenedigers (Abb. rechts).
Dort haben wir den Oberen Keesboden erreicht (1¾ Std.), wo der Gipfel (1¼ Std.) als stumpfer Eiskegel erscheint. Die schmale Gipfelschneide (Abb. IV) zum Kreuz der Prägratner Bergführer kann gelegentlich einen kurzen Balanceakt erfordern.

▶ Zum Großvenediger aus dem Virgental. Nach links streicht der Westgrat ab. Nur gering überragt das Hohe Aderl den Oberen Keesboden.

Alpenkönigweg

Einsamkeit hoch im Umbaltal

Anfahrt: Nationalpark-Gemeinde Prägraten am Großvenediger, 1310 m – Hinterbichl – Ströden, 1403 m, 4,3 km, Parkplatz.

Route: Ströden, 1403 m – Pebell- und Islitzeralm, 1513 m, ½ Std. (oder Pferdekutsche) – Clarahütte, 2038 m, 2¼ Std. (Wasserschaupfad) – Hohe Grube, 2691 m, 3 Std., 900 Hm. – Hochkarscharte, 2917 m, ¾ Std. – Umbaltal 1¼ Std. – Pebell- und Islitzeralm 1 Std.; insgesamt ca. 8 Std., ca. 1400 Hm Auf- und Abstieg.

Charakter: Die vom Prägratner Bergführer Alois Berger angeregte, überaus anspruchsvolle Route führt in den südwestlichen Gebietsteil der Venedigergruppe und ist nur dürftig markiert. Ortskenntnisse, Ausdauer und sichere Wetterlage erforderlich.

Von der bekannten und vielbesuchten Pebell- und Islitzeralm benützen wir den Wasserschaupfad orografisch rechts der tosenden Isel im Umbaltal. Wohl niemand wird unbeeindruckt von diesem Naturschauspiel bleiben und das auf weit vorgebauten Aussichtskanzeln gewonnene Bild vergessen. Über zwei Talstufen geht es hinauf, dann orografisch links des Baches zur Ochsnerhütte, ehe wir auf einem durch steile, blühende Berghänge führenden Steig zur Clarahütte kommen. Dort führt bergseitig der Schutzhütte der Pfad zunächst auf steilem Rasen, dann zwischen Plattenfels empor (1½ Std.). Nach der ersten Steilheit entlastet eine schmale Hangterrasse in der Steingrube (2650 m). Dort rückt die Rötspitze mit ihrem grau durchbrochenen Firnmantel und die scharfkantige Daberspitze ins Bild (Abb. I).

In weiterer Folge überschreiten wir den südöstlich ausklingenden Grat des Steingrubenkogels knapp unterhalb des Schinakels (2874 m, Steinmann). Dann blicken wir in die Hohe Grube mit dem sandig umbetteten Großen Schinakelsee, dem blauäugigen Vorderen und dem stark verlandenden, olivgrünen Hinteren Hochgrubensee (Abb. rechts).

Zur Hochkarscharte (2917 m, Steinmann) steigen wir ¾ Stunden an. Im Bild rechts ist sie im Ansatz des Ogasil-Nordgrates sichtbar. Östlich davon breitet sich das Hochkar mit riffartigem Relief aus.

Dort ist gegen Süden ein steigloser Abstieg über relativ steile Grashänge bis zum querlaufenden, vom Mullwitzkogel (Wiesbauerspitze) kommenden Steig möglich (¾ Std.). Auf ihm markiert und landschaftlich schön hinab in das Umbaltal im Bereich des Reggenbaches (1¼ Std.). Wir haben den Hüttenweg erreicht, der taleinwärts zur Clarahütte (¾ Std.) und am Wasserschaupfad hinab zur Pebell- und Islitzeralm führt (1 Std.).

▶ Hohe Grube mit Großem Schinakelsee, Vorderem und Hinterem Hochgrubensee.

I

II

III

Rötspitze, 3495 m

Wie ein Kordillerengipfel ragt sie auf

Anfahrt: Nationalpark-Gemeinde Prägraten am Großvenediger, 1310 m – Hinterbichl – Ströden, 1403 m, 4,3 km, Parkplatz.
Route: Ströden, 1403 m – Pebell- und Islitzeralm, 1513 m, ½ Std. (oder Pferdekutsche) – Clarahütte, 2038 m, 2 Std. – Philipp-Reuter-Biwak, 2692 m, 2 Std. – Rötspitze, 3–3½ Std.; insgesamt 7½–8 Std., ca. 2000 Hm Aufstieg.
Charakter: markiert bis zum Biwak, zum Gipfel mittelschwer, Steigeisen ratsam und Bergerfahrung erforderlich. Landschaftlich hervorragend. Die Rötspitze zählt zu den formschönsten Gipfeln der Venedigergruppe.

Am bekannten Wasserschaupfad besuchen wir das Umbaltal (siehe auch Seite 172). Nach zwei überaus eindrucksvollen Gefällstufen der Isel führt der Lessensteig auf der orografisch linken Bachseite zur Ochsnerhütte (1933 m). Der Steig durchmisst blühfreudige steile Berghänge. Mit der formvollendeten Rötspitze vor Augen ist die Clarahütte erstes Etappenziel.

Zum Philipp-Reuter-Biwak wandern wir eine halbe Stunde taleinwärts, setzen über die Isel und steigen auf weit ausholenden Kehren den ostseitigen Berghang an. Kleine Bäche, Gletscherschliffe und anpassungsfähige, kurzstielige Sommerblüher säumen den Steig zum Biwak, dem ehemaligen Standplatz der 1956 von einer Lawine zerstörten Essener Hütte.

Zur Rötspitze kann auf blockbedeckten Hängen und Altschnee direkt zum Nordnordostgrat angestiegen werden (1 Std.). Im Wechsel von Fels und Schnee gelangen wir zu jener Graterhebung, wo westlich am Rötkees eine meist vorhandene Trittspur hinab zur Lenkjöchlhütte führt.

Vor uns türmt sich die mehrheitlich schneebedeckte Untere Rötspitze (3290 m) auf, deren höchster Punkt rechts umgangen wird (Abb. I).

Es schließt daran eine längere Firnstrecke zum Vorgipfel an (Abb. II).

Dort ist ein kurzer Felskamin mit Eisenstiften, kurzem Fixseil und Ringhaken versehen. Noch ein schmaler Firnsattel, dann ein steiler Schneehang zum Felsansatz, ehe über den verwitterten, hellbraunen Gipfelgrat (Abb. III) einer der schönsten Gipfel der Venedigergruppe erreicht ist.

▶ Die Rötspitze wird im Virgental auch „Welitz" (slawisch die „Weiße") genannt. Im Ahrn- und Röttal hat sich dagegen die „Röte" durchgesetzt.

I

II

III

Östliche Simonyspitze, 3448 m

Zum elegantesten Gipfel im Maurer Tal

Anfahrt: Nationalpark-Gemeinde Prägraten am Großvenediger, 1310 m – Hinterbichl – Ströden, 1403 m, 4,3 km, Parkplatz.
Route: Ströden, 1403 m – Essener und Rostocker Hütte, 2208 m, 2½–3 Std. – Östliche Simonyspitze, 3448 m, 3½–4 Std.; insgesamt 6–7 Std., 2045 Hm.
Charakter: Bergerfahrung, entsprechende Ausrüstung und sichere Wetterlage erforderlich. Übernachtung auf der Essener und Rostocker Hütte empfehlenswert.

Vom Weiler Ströden führt der Weg über den heftig wirbelnden Maurer Bach und taleinwärts zur Stoanalm (1469 m, ½ Std.). Etwas höher im Tal versorgt die Seilbahn (1552 m, ½ Std.) die Essener und Rostocker Hütte. Im Anschluss durchmisst der Steig die mit Heideröschen und Bärenklau bewachsene Bergflanke und erklimmt eine mit Lärchen bestockte Talstufe. Flinke Rinnsale überschreitend, gelangen wir zum Ochsner Hüttl (1950 m) auf einer leicht vortretenden Hangkanzel. Wir setzen ein drittes Mal über den Maurer Bach, der einen Teil seiner Kraft dem hütteneigenen Kleinkraftwerk spendet. Zu guter Letzt windet sich der versandete Steig auf der markanten Seitenmoräne empor, die das Simonykees mit letztmaligem Kraftakt um 1850 absetzte und in deren Windschatten kleinwüchsige Lärchen und die Essener und Rostocker Hütte stehen. Dahinter erheben sich die Östliche und Westliche Simonyspitze (Abb. I).
Zur Östlichen Simonyspitze überschreiten wir den milchtrüben Abfluss des Simonykeeses und folgen dem Steig 20 Minuten in das nördlich sich streckende, vom Gletscher gerundete Maurer Tal. Mit Rillen und Runen auf glatt poliertem Fels hat der Gletscher seine ehemalige Fließrichtung festgeschrieben (Abb. II).
Bei der nahen Steigteilung schwenken wir links zum Bergfuß der Östlichen Simonyspitze. Zwischen Blöcken und schmalen Schneisen mit seidigem Gras steigen wir eine Stunde in den Bereich der Dellacher Keesflecke (2679 m) auf, wo der Südostgrat die Route zum Gipfel veranschaulicht (Abb. rechts).
Das vorerst noch breite Fels-Schnee-Gelände formt sich mit zunehmender Höhe zu einem steilen Firngrat (Abb. III).
Er verschmilzt meist nahtlos mit der schmal zugespitzten Gipfelschneehaube und vermittelt einen Hauch westalpines Flair.

▸ Östliche Simonyspitze. Über den Südostgrat führt der Anstieg.

Hoher Eicham, 3371 m

Der Mächtigste in der Virgener Nordkette

Anfahrt: Nationalpark-Gemeinde Virgen/Obermauern, 1301 m – Parkplatz 15 Min. vor dem Budamerhof, 1567 m.
Route: Budamerhof, 1567 m – Bonn-Matreier Hütte, 2750 m, 3½ Std. – Hoher Eicham, 3½ Std.; insgesamt ca. 7 Std., 2000 Hm.
Charakter: markiert, bei guten Bedingungen mittelschwer, Bergerfahrung notwendig. Steigeisen erforderlich. Ein Anstieg zum Nilkees ist auch vom Sandboden, orografisch rechts des kleinen Keesbaches möglich.

Aus der Virgener Talschaft steigt das Große Niltal bis zur schönen Gipfelfelsmauer der Venedigerberge an. Von der 1456 eingeweihten und wegen ihrer sehenswerten Ausstattung berühmten Wallfahrtskirche Maria Schnee in Obermauern führt eine Bergstraße zum Budamerhof. Sie setzt sich als Naturweg hinauf in das Große Niltal fort. Die neue Niljochhütte am Eselsrücken (1975 m, 1¼ Std.) wurde 2010 aufwändig erneuert. Die Schmiedler- und Stuhleralm laden zur Marende (Naturkost) ein. Im Obergeschoß des Tales, am sogenannten Sandboden (2500 m, 1¾ Std.), vereinen sich der Tal- und der Venediger-Höhenweg, ehe wir über eine letzte Felsschwelle ansteigen und schließlich in der Bonn-Matreier Hütte auf der Ader einkehren. Die nahe gelegene Felsenkapelle Maria Schnee gilt als höchstgelegenes sakrales Kleinod der Ostalpen.

Zum Hohen Eicham steigen wir nördlich der Hütte auf Fels-Rasen-Absätzen höher und gelangen durch ein Trümmerkar in die versandete hohe Halde. Dort geht es nicht ganz mühelos zum Seilkopf-Ostgrat. Auf diesem, teils versichert und mit gebotener Achtsamkeit zum Gipfel (3209 m, 1½ Std., Kreuz, Buch).

Von diesem Dreitausender senkt sich der schmale Nordwestgrat zur Seilscharte (3080 m, Abb. I) am Ostrand des Nilkeeses. Es wird von Ost nach West zur Eichamscharte (3125 m, ¾ Std.) gequert.

Dort stützt der Eicham-Südgrat mit einem relativ breiten Geröllhang auf, der mit einem spitz zulaufenden Blockkegel abschließt (Abb. II).

Diesen übersteigen oder rechts umgehen. Weiter auf wuchtigem Blockwerk zum großen, schräg gestellten Felszahn, der überlegte Schritte fordert (Haken, Abb. III).

Noch ein kleines Schartl, anschließend ein im hellbraunen Gipfelfels emporführendes, sehr schmales Gesims (Ringhaken), dann genießen wir beim Kreuz den Blick in die Venediger-Gletscherwelt.

▶ Der Hohe Eichham mit Nilkees, trotz Gletscherschwund noch schön und hochalpin.

Ochsenbug, 3008 m

Auch als Kristallkopf bekannt

Anfahrt: Nationalpark-Marktgemeinde Matrei, 1000 m – Zedlach, 1260 m, 4 km – Strumerhof, 1451 m, Parkplatz.
Route: Strumerhof, 1451 m – Ochsenbug, 4½–5 Std., 1557 Hm.
Charakter: markiert, leicht, Ausdauer und sichere Wetterlage erforderlich.

Bei der Tauernbachbrücke westlich von Matrei zweigt die Bergstraße in das malerische Dorf Zedlach ab. Bereits um 1020 urkundlich erwähnt, gilt Zedlach als weitum älteste Siedlung („Virgerberg"). Wegtafeln weisen zum Parkplatz Dirnburg, 5 Minuten vor dem Berggasthaus Strumer. Es schließt daran der Bergbauernhof Hinteregg (1433 m) an der Südostflanke von Hintereggkofel und Ochsenbug an (Abb. I).

Wir folgen dem nördlich ausgreifenden Steig durch ein Lärchenwäldchen und gelangen am Fuß einer aalglatten Felswand entlang zu einer erfrischenden Quelle (¾ Std.). Zu den Nunitzwiesen geht es ungewöhnlich steil empor (1¼–1½ Std.). Dort bestaunen wir am unteren Wiesenrand ein vielhundertjähriges Lärchenexemplar, während in der sonnigen Wiesenmitte eine Almhütte und altgediente Schupfen von der Bergmahd erzählen.

Wir steigen bis knapp vor das Nunitzköpfl (2015 m) auf und queren dort südlich über eine kurze Felsplatte zu einem breiten, rasengepolsterten Felseck. Über die anschließende Rasenflanke steigen wir in Kehren auf. Sie endet auf einer mit blauem Eisenhut bewachsenen aussichtsreichen Hangschulter, wo uns das Tauerntal zu Füßen und die Granatspitzgruppe gegenüberliegt.

Wir überschreiten eine grob gestreute, von einzelnen stacheligen Kratzdisteln aufgelockerte Steinhalde und nähern uns über Fels-Rasen-Gelände dem großen Ostkar des Ochsenbugs, dem sogenannten Kessel (1¾ Std.). Hoch darüber ist der flach gewölbte Gipfelbereich sichtbar (Abb. II und rechts).

Nicht ganz ohne Mühe überwinden wir schrofiges Gelände und problemlos einen Felsgürtel, ehe der Steig rechts auf den zum Frosnitztal lotrecht abbrechenden Gratrücken lenkt (Abb. III).

Nur noch wenige Minuten trennen vom Gipfelkreuz (Buch), das 1947 zu Ehren der Gefallenen beider Weltkriege aufgestellt und gegen raue Weststürme verankert und geerdet wurde (Abb. IV).

▶ Ochsenbug und die gletscherbedeckte Göriacher Röte baden im Morgenlicht.

Panargenkamm und Rieserfernergruppe

Die landschaftlich überaus vielversprechende Rieserfernergruppe nur als südliche Vorlagerung der Hohen Tauern einzustufen, wäre ungerecht. Um den mit westalpinen Zügen ausgestatteten Hochgall reiht sich eine bedeutende Anzahl von Gipfeln und Kämmen einer selbstständigen, klar umgrenzten Berggruppe. Vom nördlichsten Punkt, dem Klammljoch (2298 m), bilden Arven- und Defereggental die Grenze bis zum Staller Almbach. Sie führt weiter über den Staller Sattel, das Antholzer Tal bis Sand in Taufers und springt über Rain und das Knutental zum Klammljoch zurück. Dieser Grenzverlauf spricht den größten Teil der Gruppe Südtirol (Provinz Bozen) zu.

Das ausgeprägte formenreiche Relief der Rieserfernergruppe erklärt sich aus der geologischen Beschaffenheit. Eine etwa fünf Kilometer breite Granitzone erstreckt sich vom Tauferer zum Defereggental. Der hellgraue bis warmbraune tonalitische Granit ist hier so typisch, dass sich die Bezeichnung Rieserferner-Tonalit eingebürgert hat.

Der mit herrlichen Hochgebirgsseen überraschende zehn Kilometer lange Panargenkamm liegt, vom Defereggental getrennt, nordöstlich vor der Rieserfernergruppe. Er wird südwestlich vom Defereggental und nordöstlich vom Trojer Almtal begrenzt. Zehn Gipfel überschreiten die 3000-Meter-Marke.

Hütteninformationen

Seespitzhütte, 2327 m
Geöffnet Anfang Juni bis Mitte Oktober
13 Betten
Tel. 04873/5107 oder 0676/7558 881
E-Mail: rolandwaldburger@tele2.at

Kasseler Hütte, 2274 m (Hochgallhütte)
CAI. Geöffnet Anfang März bis Mitte Mai und Mitte Juni bis Mitte Oktober
30 Lager, 40 Stockbetten
Tel. 0039/0474 6725 21 oder 0039/333 7238 426

Neue Barmer Hütte, 2610 m
DAV-Sektion Barmen
Geöffnet Mitte Juni bis Ende September
48 Schlafplätze, Gepäcktransport
Tel. 0049/170 74 18 409 oder 0664/94 39 151
www.barmerhuette.de

Oberseehütte, 2020 m
Alpengasthof, geöffnet Mitte Mai bis Ende Oktober
keine Nächtigungsmöglichkeit
Tel. Tal 04873/5363 oder Tel. Hütte 0676/9439 150
www.stallersattel.at

Patscherhütte, 1675 m
Alpengasthaus, geöffnet Anfang Juni bis Anfang Oktober
37 Schlafplätze
Tel. 0676/529 9148
www.alpengasthof-patsch.at

▶ Der Hochgall gilt als König der Rieserfernergruppe.

Seespitze, 3021 m

Ein bequemer Dreitausender

Anfahrt: Nationalpark-Gemeinde St. Jakob im Defereggental, 1389 m – Innerberg, 1712 m, 3 km, Parkplatz (Schranken).
Route: Innerberg, 1712 m – Seespitzhütte, 2327 m, 2 Std. – Oberseitsee, 2576 m, ¾ Std. – Seespitze, 1¾ Std.; insgesamt 4½ Std., 1309 Hm Aufstieg.
Charakter: markiert, leicht bis mittelschwer, sehr lohnend. Unter den 22 das Defereggental begrenzenden Dreitausendern zählt die Seespitze zu den relativ leichten und vielbesuchten.

Die Bergtour zur Seespitze beginnt am nordseitigen Ortsrand von St. Jakob. Eine asphaltierte Bergstraße schlängelt sich am sonnseitigen Hang zu den Höfen auf Außerberg empor.
Auf hohen Stützmauern trotzen einige Höfe der besonderen Steilheit des Geländes. Zum Weiler Innerberg (Berggasthaus, Schranken) holt die Straße westlich aus.
Ein weiterführender Forstweg, abkürzend ein Steig, erreicht die Waldgrenze am Gasserkofel (ca. 2000 m). Dort breiten sich Bergwiesen aus mit Blumen aller Art, einem fadendünnen Bächlein und robusten Schneezäunen. Sie schützen den tiefer gelegenen, verwundbaren Wald und besiedelte Zonen. Die als Blumenweg-Oberseite bekannte Route hält bei der Seespitzhütte (2327 m) inne, der breit ausladend das Kahorn auf der anderen Talseite gegenübersteht (Abb. I).
In Richtung Seespitze erfreut uns der Rastplatz beim tiefblauen Oberseitsee mit nach Süden offener Sicht über das Gsieser Törl bis in den watteweichen Wolkenschleier über fernen Gipfelschönheiten (Abb. II).
Der Steig umläuft das spiegelglatte Bergauge west- und nordseitig und führt über ein höher gelegenes Trümmerfeld zum Südgrat. Dort reihen sich zyklopische Blöcke, ehe wir aus einem schwach besonnten Schärtchen nach rechts auf mit einer Stahlkette versicherten Plattenfels ausweichen (Abb. III).
Die obere Grathälfte verlangt in Gipfelnähe (Kreuz, Buch) einige überlegte Schritte.
Die Seespitze belohnt mir weitreichendem Panoramablick. Im Norden reihen sich die schneebedeckten Gipfel der Venediger- und Glocknergruppe im Nationalpark Hohe Tauern. Diesem geschützten Bereich gehört auch der Hochgall an, der sich als „Riese des Defereggentales" südwestlich unserer Aussichtswarte erhebt (Abb. Seite 183).

▶ Die Alplesseen (2792 m und 2752 m) westlich der Seespitze sind Osttirols zweithöchstgelegene Seen.

I

II

III

Keeseck, 3173 m

Herrscher über wogenden Zirbenhainen

Anfahrt: Nationalpark-Gemeinde St. Jakob im Defereggental, 1389 m – Alpengasthof Oberhaus, 1700 m, Parkplatz.
Route: Alpengasthof Oberhaus, 1700 m – Oberhausalpe, 1780 m, ¼ Std. – Ochsenhof, 2200 m, 1¼ Std. – Großbachsee, 2650 m, 1¼ Std. – Keeseck, 2 Std.; insgesamt 4½–5 Std., ca. 1480 Hm Aufstieg.
Charakter: spärlich markiert, leicht bis mittelschwer.
Besonderheiten: Der Oberhauser Zirbenwald, das größte geschlossene Zirbenareal in den Ostalpen, ist auch ein Paradies für 30 verschiedene Vogelarten. Unsere Tour berührt eine der stillsten und urigsten Landschaften des Nationalparks Hohe Tauern. Der Gipfel des Keesecks ist am leichtesten von der Oberhausalpe erreichbar, im Norden etwas ernster auch von der Daberlenke, 2631 m. Der kleine Keesfleck auf der Schulter des Berges verliert sich allmählich in grau und grün schimmerndem Chloritschiefer. Neben dem massigen Steinmann ziert auch das Kreuz der St. Jakober Bergrettung den Keeseckgipfel.

Den Anstieg im Zirbenwald finden wir 150 Meter taleinwärts der Oberhausalpe bei einem kleinen Rinnsal. Nach einer Dreiviertelstunde betreten wir eine Lichtung, wo eine riesenhafte lebenszähe Zirbe mit dichtem, harzigen Behang auffällt. Im Umkreis stehen Zirben (Arven) mit Kandelaberbildung, einer besonders typischen Wuchsform mit vielwipfeliger Ausbildung der Krone, verursacht durch Bruch des Haupthöhentriebes.

Am oberen Ende einer Schneise (Abb. I) passieren wir eine Jagdhütte. Drei Steigkehren höher bewachen zwei wuchtige Steinmänner den auf einer sommergrünen Hangterrasse gelegenen Ochsenhof (Abb. II).

Diesem Standplatz gegenüber dominiert die Fleischbachspitze in der östlichen Rieserfernergruppe. Die erwähnte Hangterrasse wird östlich vom mehrarmigen Eggbach geteilt, der an höherer Stelle überschritten wird, um in das blockreiche Südkar des Keesecks anzusteigen. Felsbänke umgrenzen den Großbachsee (Abb. III).

Nach einer Rast wird die zum Kamm aufsteilende Geröllhalde weniger Mühe bereiten und der Tritt auf den Firnnestern nordseitig des Kammes sicherer sein. Dort erwartet uns der letzte steile Anstieg zum Gipfel (Abb. rechts).

Bei diesem stark felsdurchbauten Aufschwung achten wir auf die Markierung, ehe beim mächtigen Steinmann mit Kreuz und Buch der höchste Gipfel im Panargenkamm eine Weile uns gehört.

▶ Das Keeseck überragt alle Berge am Panargenkamm mit seiner schlanken, himmelragenden Gipfelform. Für Geübte ist der Grat vom Gamsköpfl (2720 m) hinauf zum Kamm eine anspruchsvolle Tour.

I

II

III

Vom Obersee zur Barmer Hütte

Das „Lehrerkreuz" auf Granit und Gneis

Anfahrt: Nationalpark-Gemeinde St. Jakob im Defereggental, 1389 m – Staller Sattel, 2052 m, mit Oberseehütte, 9 km, Parkplatz.
Route: Staller Sattel, 2052 m – Jägerscharte, 2862 m, 2½ Std. – Almerhorn, 2986 m, ½ Std. – Neue Barmer Hütte, 2610 m, 1½ Std.; insgesamt 4½ Std., 970 Hm Aufstieg.
Charakter: markiert, leicht bis mittelschwer. In eine Welt aus Stein führt diese Bergwanderung im östlichen, peripheren Teil der Rieserfernergruppe. Kare und Halden bestimmen das Bild, eine Landschaft, die ihre eisige Rüstung bereits abgelegt hat und die Bergsteiger in granitgehärtetem Mantel empfängt.

Von St. Jakob führt die in den Hang gebaute Straße zur letzten bewohnten Siedlung Erlsbach (1555 m). Schwungvoll überbrückt die Straße den Schwarzachfluss, windet sich kehrenreich in die Hochtalsohle und führt schließlich langgestreckt zum Obersee am Staller Sattel (Parkmöglichkeit).
Vom Obersee steigen wir zwischen buschigen Zirben, anschließend auf einer schmalen Hangpiste empor. Es schließt daran eine steile Blockhalde an bis zu quer verlaufenden, stark versteinten Moränen. Etwas abseits schillern flache Tümpel und aus einem geräumigen Hangkessel schnurrt ein Rinnsal zwischen Stein und Schutt.
Weitbogig steuert der Steig auf den großen, zur Jägerscharte aufstrebenden Blockhang zu (Abb. I), wo wir in Kehren, leichter als zunächst erwartet, die Jägerscharte erreichen (Abb. II).
Knapp 850 Höhenmeter tiefer blinzelt der Obersee im einfallenden Licht (Abb. III). Steigspuren führen auf das blockreiche Almerhorn. Dort gesellt sich auch der Hochgall in das 360°-Panorama.
Vom einstigen Gletscher zu Füßen der Ohrenspitze ist nur ein dünner Eisfleck nördlich von Jägerscharte und Almerhorn übrig geblieben. Durch diese Steinwüste führt der markierte Pfad zur Neuen Barmer Hütte, die von der Mittleren Ohrenspitze scharfkantig überragt wird (Abb. rechts).
Seit dem Ausapern dieser den Ohrenspitzen nördlich vorgelagerten Hangterrasse ist der Übergang von Block zu Block, von Stein zu Stein etwas beschwerlicher geworden. Die Markierung sucht den günstigsten Verlauf in diesem harten Terrain, das nichts von seinem hochalpinen Flair eingebüßt hat.
Auch die Neue Barmer Hütte steht auf gletschergeschliffenem Boden. Von der Hütte kann man auf dem bekannten Hüttensteig ins Patschertal zur Patscheralm (1675 m) absteigen (siehe Seite 190).

▶ Neue Barmer Hütte mit Mittlerer Ohrenspitze.

Arthur-Hartdegen-Weg

Schöne, raue Welt aus Stein und Eis

Anfahrt: Nationalpark-Gemeinde St. Jakob im Defereggental, 1389 m – Patscheralm, 1675 m, 9 km, Parkplatz.
Route: Patscheralm, 1675 m – Neue Barmer Hütte, 2610 m, 3 Std. – Rosshornscharte, 2916 m, 1½ Std. – Lenksteinjoch, 3082 m, 1 Std., 1415 Hm Aufstieg – Kasseler Hütte, 2276 m, 3 Std., bez. 8 – hinab nach Rain, 1600 m, 1¾ Std., bez., leicht und schön. Insgesamt rund 1500 Hm für Auf- und Abstieg, ca. 10–11 Std.
Charakter: markiert, Steinmänner, mittelschwer, beste Tourenzeit Juli bis September.

Von St. Jakob und der letzten bewohnten Siedlung Erlsbach (1555 m) gelangen wir zur Patscheralm im inneren schmal gekerbten, waldreichen Defereggental. Mit oder ohne Pkw überwinden wir den ersten Aufschwung in das Patschertal bis hin zur Talstation der Materialseilbahn. Bald wird das Lärchengrün von breitgestreuten Felsblöcken und losem Gestein abgelöst. Unbeirrt davon schlängelt sich der Steig hinauf in die obere Talregion. Halbhohe Felspassagen sind seilversichert, ehe wir zur Ruine der Alten Barmer Hütte gelangen (Abb. I).
20 Minuten höher steht im Grau der Landschaft die Neue Barmer Hütte (siehe Abb. Seite 189). Bei der Alten Barmer Hütte setzen wir die Bergtour fort. Über hell gesprenkeltes Gestein, Granit, Quarz, Glimmer und anderes mehr gelangen wir mäßig steigend zum Fuß der Rosshornscharte. Dort über Fels und Geröll, dann über seilversicherte Passagen empor. Wir queren eine schmale Schlucht (Fixseile) und erreichen die auf Abbildung I sichtbare kleine Erhebung links der Rosshornscharte.

Dort führt ein bequemer Kehrensteig an einem flachen Eistümpel vorbei und nahe an das Fennereck heran. Bei prachtvoller Aussicht queren wir stumpfe Kammfelsen, ehe ein Zickzacksteig über einen steilen Schrofenhang hinauf zum Lenksteinjoch führt. Dort breitet sich ein schmächtiger Eisfleck aus, den der Lenkstein (3236 m) nördlich überragt (für Geübte ½ Std.).
In westlicher Richtung steigen wir auf der Südtiroler Seite im Wechsel von Geröllhalden, Karen und Moränen in eine Urlandschaft ab (Abb. II). Wo an der Basis des Lenksteins über den Keesbach gesetzt wird, ist der Masseverlust der Gletscher (Lenksteinferner) besonders anschaulich (Abb. rechts). Die Riesernockkante umschreiten wir mit einem kurzen seilversicherten Abstieg (Abb. III), ehe im Abflussgebiet von Hochgall (Abb. rechts) und Tristenkees über Gletscherschliff und Schmelzwasserbäche die Kasseler (Hochgall-)Hütte erreicht wird.

▶ Auf der steilen Südtiroler Seite des Hochgalls verzahnen sich Fels und Eis.

Der Autor

Walter Mair, langjähriger Obmann der Alpenvereinssektion Lienz, hat als Autor und Fotograf zahlreiche Berg- und Wanderbücher über Osttirol verfasst. Bei Tyrolia erschienen sind die Bildbände „Osttirol. Zauber der Bergseen", „Osttiroler Almen" sowie „Osttirol. Porträt einer Landschaft". Für sein „Osttiroler Wanderbuch" bekam er 2005 das „Goldene Buch des Österreichischen Buchhandels" (für mehr als 25.000 verkaufte Exemplare) verliehen.

Alle Angaben in diesem Führer wurden sorgfältig recherchiert und erfolgen nach bestem Wissen und Gewissen des Autors. Sollten Sie trotzdem Unstimmigkeiten entdecken, nehmen Autor und Verlag gern Verbesserungsvorschläge und Korrekturhinweise entgegen. Die Benutzung dieses Führers geschieht auf eigenes Risiko. Eine Haftung für etwaige Unfälle und Schäden wird aus keinem Rechtsgrund übernommen.

Bibliografische Information Der Deutschen Nationalbibliothek
Die Deutsche Nationalbibliothek verzeichnet diese Publikation in der
Deutschen Nationalbibliografie; detaillierte bibliografische Daten sind im Internet
über http://dnb.d-nb.de abrufbar.

Gedruckt mit freundlicher Unterstützung der Osttirol Werbung, des Nationalparks Hohe Tauern und des Tourismusverbandes Lienzer Dolomiten

Umschlaggestaltung: Tyrolia-Verlag Innsbruck, unter Verwendung eines Bildes von Walter Mair.
Titelbild: Blick vom Silesia-Höhenweg zu den ins Kalser Dorfer Tal abstreichenden Laperwitz- und Fruschnitzkeesen (rechts). Noch verbergen Großglockner und Glocknerwand (links) ihre wahre Größe.
Abbildungen auf der Umschlagrückseite (von links oben nach rechts unten): Wiener Höhenweg, im Hintergrund der Großglockner; „Nepalbrücke" am Madonnen-Klettersteig; Comptonhütte; Rote Lenke mit Gößleswand; Arnitzalm mit Virgener Nordkette; die Käntner Seite des Großglockners.
Karten: Ausschnitte aus der ÖK 200 Tirol und Kärnten sowie aus der ÖK 500 Tirol (Seite 8/9) © BEV 2010, vervielfältigt mit Genehmigung des BEV, **B**undesamtes für **E**ich- und **V**ermessungswesen in Wien, T2010/66546
Bildnachweis: Alle Abbildungen von Walter Mair
Layout und digitale Gestaltung: Studio HM, Hall in Tirol
Lithografie: Digiservice, Innsbruck
Druck und Bindung: Athesia Druck, Bozen (I)
ISBN 978-3-7022-3066-1
E-Mail: buchverlag@tyrolia.at
Internet: www.tyrolia-verlag.at